ANKERKRAUT

GESCHMACKSMANUFAKTUR

— DAS —

# KOCH
# BUCH

ANNES & STEFANS
LIEBLINGSREZEPTE

WIR WIDMEN DIESES BUCH
STEFANS ELTERN, EVA & WILFRIED LEMCKE,
FÜR EINE TRAUMHAFTE KINDHEIT IN AFRIKA
UND DER DAMIT VERBUNDENEN
MÖGLICHKEIT, DIE VIELFALT DER GEWÜRZE
SCHON SEHR FRÜH ENTDECKEN ZU KÖNNEN.

# INHALT

# AUF DEN GESCHMACK GEKOMMEN

---

Es ist kein Geheimnis, dass ich kein leidenschaftlicher Koch bin. Warum also Ankerkraut? Wenn ich in ein Produkt investiere, möchte ich damit immer den jeweiligen Markt revolutionieren. Ankerkraut macht genau das - die hochwertigen Gewürzmischungen mit herausragender Qualität und einzigartigem Design setzen einen neuen Standard. Wenn man Ankerkraut einmal „erlebt" hat, kann man nicht mehr zurück.

Mich haben Anne und Stefan schnell überzeugt - für Stefan war es aber eine wirklich schwierige Entscheidung. Wer den Pitch in der Vox-Show Die Höhle der Löwen 2016 gesehen hat, weiß, dass Stefan am Anfang kein gutes Gefühl dabei hatte, mich in seinem Unternehmen einsteigen zu lassen. Seine großartige Frau Anne aber hat in der stressigen Studio-Situation kühlen Kopf bewahrt, das große Ganze gesehen und dann Stefan den entscheidenden Impuls gegeben, den Deal doch zu machen. Inzwischen sind wir uns alle einig, dass es die einzig richtige Entscheidung war. Danke, Anne! Wir haben mit Ankerkraut eine hochwertige und erfolgreiche Geschmacksmanufaktur aufgebaut. Und wir haben gerade erst angefangen! Wir haben noch so viele Produktideen, wir können noch so viel besser machen, … der Weg ist das Ziel; wir sind auf dem Weg zur perfekten Gewürzmanufaktur.

Neben der großen Freude mit Anne und Stefan unsere Produkte und die Firma zu entwickeln, genieße ich privat mein Steak mit unserem fermentiertem Pfeffer, den wir selber importieren. Und ich esse mein Rührei mit unserem Rührei Mix. Es ist immer wieder schön, von Stefan mit neuen Gewürzmischungen überrascht zu werden - er hat da einfach die beste Nase und das richtige Händchen für immer wieder neue, herausragende Mischungen.

Anne und Stefan sind Ihrer Leidenschaft gefolgt. Sie haben „Unmögliches" erreicht und sind so zum Vorbild für andere Gründer geworden. Und sie zeigen: Harte Arbeit führt zum Erfolg!

> *Ankerkraut war eine verrückte Idee, die mit sehr viel Herzblut zu etwas ganz Tollem heranwachsen durfte. Wir sind jeden Tag dankbar und glücklich darüber, dass wir uns damals getraut haben, diesen Schritt zu gehen. Auch heute noch stecken wir unsere ganze Energie mit sehr viel Leidenschaft in unsere Produkte und in unsere Marke. Es ist unheimlich aufregend zu erleben, wie das „Kind" täglich wächst und wir sind gespannt, wo uns die Reise noch hinführt.*

STEFAN LEMCKE

# ANKERKRAUT
# IN ZAHLEN

## MIT ALLEN ANKERKRAUT
## FACEBOOK-FANS ZÄHLEN
## WIR BEREITS ALS
## GROSSSTADT*

*Großstädte sind nach einer Begriffsbestimmung der Internationalen Statistikkonferenz von 1887 alle Städte mit 100.000 und mehr Einwohnern.*

INNERHALB EINES JAHRES WURDEN KNAPP **1,4 MIO ANKERKRAUT GLÄSER** ABGEFÜLLT. STAPELT MAN DIESE AUFEINANDER IST DAS EINE HÖHE VON 140KM. DER MOUNT EVEREST IST 8848M HOCH. SOMIT IST DER ANKERKRAUT-GLÄSER-BERG KNAPP 15,5X HÖHER ALS DER HÖCHSTE BERG DER WELT.

**1979 — 1990**

*Stefan erlebt eine wunderschöne und prägende Kindheit in Tansania*

**JUNI 2010**

*Anne & Stefan lernen sich kennen*

**03.04.2013**

*Stefan kreiert seinen ersten Rub*

**01.10.2013**

*Die erste Mitarbeiterin*

**JUNI 2014**

*Red Dot Award für das Packaging Design der Gewürzgläser*

KUNDENLIEBLING: UNSER ÜBER DEN ONLINE-SHOP MEIST VERKAUFTES GEWÜRZ IM JAHR 2017 IST DAS BOLOGNESE GEWÜRZ

MIT UNSEREN ZWEI „SPENDENPRODUKTEN" EINHORN UND ERDBEERMINGO KONNTEN WIR BEREITS ÜBER 12.000 € SPENDEN. (PRO VERKAUFTEM GLAS GINGEN 1,00 € AN EINEN GEMEINNÜTZIGEN VEREIN)

**8** ANKERKRAUT IST IN 8 LÄNDERN IM HANDEL VERTRETEN:

- DEUTSCHLAND
- ITALIEN
- DÄNEMARK
- ÖSTERREICH
- SCHWEIZ
- LUXEMBURG
- NIEDERLANDE
- SCHWEDEN

| 28.08.2016 | 01.12.2016 | JULI 2017 | 01.08.2017 | DEZEMBER 2017 |
|---|---|---|---|---|
| *Anne & Stefan wagen sich in „Die Höhle der Löwen". Frank Thelen investiert in Ankerkraut und ist ab sofort an Bord.* | *Das Ankerkraut-Sortiment wächst auf 200 Sorten* | *100.000 Likes auf Facebook* | *Ankerkraut wächst auf 50 Mitarbeiter* | *Ankerkraut publiziert das 1. Kochbuch* |

# „VIEL HILFT VIEL"

*Alte Ankerkraut-Weisheit
bei der Verwendung unserer
Gewürze und Rubs.*

*Kategorie*

# KOCHEN

# GARMETHODEN

**WIR KOCHEN NICHT NUR,** WIR RÄUCHERN, RÖSTEN, BACKEN, SCHMOREN UND DÄMPFEN UND WISSEN GENAU, WELCHES GEWÜRZ SICH WANN AM DELIZIÖSESTEN ENTFALTEN KANN. DER ANWENDUNG UNTERSCHIEDLICHER METHODEN SOLLTE MEHR BEACHTUNG GESCHENKT WERDEN UND DAFÜR MUSS MAN NOCH NICHT EINMAL PROFIKOCH SEIN. DOCH WER LESEN KANN IST KLAR IM VORTEIL:

## RÄUCHERN  20 – 70°C

Low & Slow ist das Motto beim Räuchern! Ob kalt oder heiß: das Raucharoma spricht für sich und benötigt keine weitere Würze! Wer trotzdem Herr seiner Sinne bleiben und den Geschmack zusätzlich beeinflussen möchte, greift zurück auf Grillplanken, wie Cherry Wood oder Western Red Cedar und maximiert sein Raucherlebnis.

## SIEDEN  80 – 95°C

Warm zudecken und das Fett zersetzt sich von selbst. Wenn das doch im wahren Leben auch so wäre… Leider nein. Aber dafür passiert das beim Sieden und bereitet uns große Freude beim Geschmack des Sauerbratens, Fisches, Wurzelgemüses und der Hülsenfüchte. Aufpeppen kannst du die entstandenen Kocharomen durch Liebstöckel, Selleriesaat, Salz und Pfeffer.

## SCHMOREN  80 – 120°C

Gulasch? Habe ich Gulasch gehört? Jep! Wir holen den größten Kochtopf raus, denn jetzt wird geschmort. Röstaromen erfüllen die Luft und lassen uns in Erinnerungen schwelgen. Wir würzen hier gern mit Thymian, unserer 9-Pfeffer Symphonie und Rosmarin.

## DÄMPFEN  UM 100°C

Gebt den Vitaminen keine Chance auszubrechen! Wir brauchen sie und damit wir sie behalten, verhindern wir durch das Dämpfen die Ausschwemmung wasserlöslicher Vitamine. Die Kunst ist jetzt, die richtigen Aromen durch die Zugabe von Gewürzen zu finden. Zum Beispiel mit Liebstöckel, Pfeffer, Thymian oder Zitrusschale.

## RÖSTEN  120 – 180°C

Einmal volle Pulle bitte! Denn nur bei starker Hitze bilden sich die satten Bräunungsstoffe, welche die Röstaromen aus dem Fleisch oder dem Gemüse kitzeln und zum Geschmackserlebnis befördern. Für mehr Würze pimpen wir mit Pfeffer und Rosmarin. Wer den salzigen Grundgeschmack nicht missen möchte, gibt einfach noch eine Schippe Salz oben drauf.

## BACKEN  160 – 220°C

Sweet? Salty? Beides! Ob mit Käse überbacken oder für die Weihnachtsbäckerei: Der Backofen beschert uns immer wieder einen Traum aus duftenden Röst- und Backaromen. Mehr brauchen wir nicht! Außer Unterstützung würziger Röstnoten durch geräucherte Paprika oder Karamellaromen des Muscovadozuckers.

# MESSER

## DAS FILIERMESSER

Das Filiermesser zeichnet sich durch seine extra schmale und extra dünne Klinge aus. Und das macht durchaus Sinn, denn nur so lässt sich Fleisch oder Fisch hauchdünn filetieren. Quasi die hauchdünn Couture der Messerkunde. Mon dieu!

## DAS KÜCHENMESSER

Das Küchenmesser aka Chefknife ist etwas größer als das Universalmesser. Es eignet sich ebenfalls sehr gut zum Schneiden von Fleisch und Fisch. Kurz: Chef kann alles.

## DAS UNIVERSALMESSER

Vielseitiger geht nicht! Als würde es der Name nicht schon andeuten, ist das Universalmesser vor allem in puncto Vielseitigkeit ganz weit vorne. Zerkleinern im Handumdrehen wird hier gaaanz groß geschrieben.

## DAS STEAKMESSER

Das Steakmesser verfügt über schmale, scharfe Sägen und kann so jedes saftige Steak perfekt schneiden. Hmm, lecker: Steak.

## DAS SCHÄLMESSER

Das Schälmesser, also known as Tourniermesser, weist eine leicht gebogene Klinge auf. Wenn es also um Schälen von Obst und Gemüse geht, macht dem Schälmesser so leicht keiner was vor.

## DAS CHINESISCHE KOCHMESSER

Achtung: auch wenn es so aussieht, es handelt sich NICHT um ein Hackebeil! Kräuter und Gemüse haben es diesem Messer besonders angetan. Knochen hingegen können sich gehackt legen – falsches Messer.

**WIR WOLLEN JA KEIN HEXENWERK DARAUS MACHEN,**
ABER: ZU JEDEM GEWÜRZ UND KRAUT GEHÖRT NUN MAL
EINE INDIVIDUELLE ART DER VERWENDUNG UND PORTIO-
NIERUNG. DEN TOLLEN GESCHMACK UND DIE VORTEILE
DURCH VIELE GEWÜRZGADGETS SOLLTE MAN NICHT
UNTERSCHÄTZEN.

# GADGETS

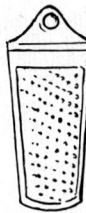

## MUSKATREIBE

Wir haben davor gewarnt: Bei Muskat reicht schon eine Prise zum Kartoffelpü oder Käsefondue. Deshalb sollte jeder, der sich eine Muskatnuss anschafft, auch eine Reibe daheim haben.

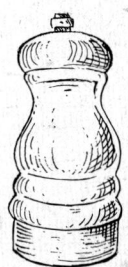

## SALZ- & PFEFFER MÜHLE

It's fresh so fresh! Die Salz- und Pfeffermühle macht nicht nur als Tischdeko was her, sondern optimiert den individuellen Geschmack der ‚Kitchen Basics'.

## KNOBLAUCHPRESSE

Die Knoblauchpresse kann zaubern: Sie macht, dass deine Finger nicht riechen und du trotzdem jede Menge Knobi - im wahrsten Sinne des Wortes - verdrücken kannst!

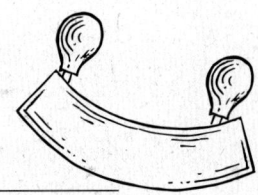

## WIEGEMESSER

Jetzt wird wild drauf los gehackt! Und die Finger bleiben trotzdem heile. Also für die Schisser unter den Schnipplern, die es gerne schnell mögen, genau das Richtige!

## MÖRSER/GEWÜRZREIBE

Back to the roots: Der Mörser (oder auch Gewürzreibe genannt) lässt die Muskeln spielen. Der Clou: Das Gericht fühlt sich gleich noch selbstgemachter an!

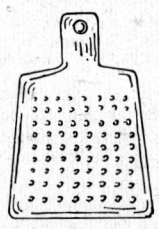

## SALZREIBE

Eine Rarität, der wir definitiv mehr Aufmerksamkeit schenken sollten: Die Salzreibe zum mühelosen Reiben von Salzbrocken. Da wird jeder Gast neidisch.

# CHILI CON CARNE
## MIT FLEISCHWÜRFELN

90 MIN.    4 PORTIONEN    HERD

## ZUTATEN

200 G GETR. ROTE KIDNEY BOHNEN
750 G RINDFLEISCH (A. D. SCHULTER)
5 ROTE ZWIEBELN (200 G)
6 EL OLIVENÖL
4 EL ANKERKRAUT CHILI CON CARNE MILD
2 EL WEIZENMEHL
2 EL TOMATENMARK
200 ML KRÄFTIGER ROTWEIN
1 L GEMÜSEBRÜHE
200 G KLEINE STRAUCHTOMATEN
½ TL ANKERKRAUT TEUFELSKERL

**1.** Die Bohnen in eine Schüssel geben, mit etwa 1 Liter Wasser bedecken und mindestens 12 Stunden einweichen.

**2.** Die eingeweichten Bohnen abtropfen lassen. Mit 1 Liter Wasser in einem Topf aufkochen lassen, danach bei schwacher Hitze etwa 1 Stunde garen.

**3.** Inzwischen das Fleisch mit Küchenpapier abtupfen und in etwa 1 cm große Würfel schneiden. Die Zwiebeln schälen und in Würfel schneiden. Das Fleisch in 2 Portionen in jeweils 2 EL Öl anbraten und aus der Pfanne nehmen. Die Zwiebelwürfel im restlichen Öl anbraten und mit Chili con carne mild bestreuen.

**4.** Die Fleischwürfel zu den Zwiebeln geben, alles mit Mehl bestäuben, kräftig umrühren und anrösten. Tomatenmark dazugeben und ebenso anrösten. Danach den Rotwein und die Brühe in die Pfanne geben und unter Rühren aufkochen. Das Ganze etwa 30 Minuten in der geschlossenen Pfanne schmoren.

**5.** Die Tomaten abspülen und die Stielansätze keilförmig herausschneiden. Die Tomaten vierteln.

**6.** Die Bohnen in einem Sieb abtropfen lassen. Anschließend mit den Tomaten und dem Pfanneninhalt in den Topf geben, zugedeckt etwa 15 Minuten bei milder Hitze garen. Mit Teufelskerl Gewürz abschmecken.

—STEFAN SAGT—

„ Manchmal lösche ich das angebratene Hackfleisch auch zuerst mit einem Schuss Rotwein ab. Das gibt immer nochmal eine besonders schmackhafte Note. "

# STEFANS BOLOGNESE

35 MIN.     4 PORTIONEN     HERD

## ZUTATEN

1 ZWIEBEL (50 G)

2 KNOBLAUCHZEHEN

1 EL RAPSÖL

500 G RINDERHACKFLEISCH

2 EL TOMATENMARK

100 ML ANKERKRAUT GEMÜSEBRÜHE

500 G GESCHÄLTE TOMATEN (A. D. DOSE)

3 – 5 TL ANKERKRAUT BOLOGNESE GEWÜRZ

400 G SPAGHETTI

ANKERKRAUT SALZ

150 G PARMESAN

½ BD. BASILIKUM

**1.** Zwiebel und Knoblauch schälen und in kleine Würfel schneiden.

**2.** Das Öl in einer großen Pfanne erhitzen. Das Hackfleisch darin anbraten und mit einem Pfannenwender zerkrümeln. Zwiebel- und Knoblauchwürfel dazugeben und kurz anbraten.

**3.** Wenn das Hackfleisch braun gebraten ist, das Tomatenmark unterrühren und kurz anrösten. Mit Gemüsebrühe ablöschen. Die Tomaten in der Dose zerkleinern und mit dem Saft zum Hackfleisch geben. Die Sauce aufkochen und mit 3 TL Bolognese Gewürz würzen. Die Sauce etwa 15 Minuten in der offenen Pfanne einkochen lassen.

**4.** Inzwischen die Nudeln nach Packungsanweisung kochen, den Parmesan reiben. Basilikum abspülen, trocken schütteln, die Blätter abzupfen und grob zerteilen.

**5.** Die Sauce mit Salz und Bolognese Gewürz abschmecken. Die Nudeln in einem Sieb abtropfen lassen und mit der Sauce anrichten. Mit Basilikum und Parmesan bestreut servieren.

# GULASCH-SUPPE

50 MIN.

2 PORTIONEN

HERD

## ZUTATEN

6 ZWIEBELN (250 G)

500 G RINDFLEISCH (A. D. KEULE)

3 EL RAPSÖL

2 EL TOMATENMARK

2 ½ EL ANKERKRAUT GULASCH GEWÜRZ

1 L ANKERKRAUT GEMÜSEBRÜHE

400 G PAPRIKA ROT UND GELB

200 G FESTKOCHENDE KARTOFFELN

ANKERKRAUT SALZ

**1.** Zwiebeln schälen, halbieren und in Würfel schneiden. Rindfleisch mit Küchenpapier trocken tupfen und in etwa 1 ½ cm große Würfel schneiden.

**2.** Etwas Öl in einem Topf erhitzen. Die Fleischwürfel darin in 2 Portionen von allen Seiten kräftig anbraten. Restliches Öl und die Zwiebelwürfel hinzufügen und mitbraten. Das Tomatenmark unterrühren und kurz anrösten. Das Gulaschgewürz unterrühren. Die Brühe dazugeben und aufkochen. Zugedeckt etwa 60 Minuten bei mittlerer Hitze garen.

**3.** In der Zwischenzeit die Paprikaschoten putzen, vierteln, entkernen, abspülen, abtropfen lassen und in kleine Würfel schneiden. Kartoffeln schälen, waschen und in kleine Würfel schneiden. Zusammen mit den Paprikawürfeln zum Fleisch geben und etwa 15 Minuten garen.

**4.** Die Suppe mit Salz abschmecken.

—STEFAN SAGT—

*Es passt fast nichts besser dazu als selbstgemachtes Kartoffelpüree.*

# FRIKOS VON STEFANS OMA

40 MIN.  4 PORTIONEN  HERD

## ZUTATEN

1 BRÖTCHEN VOM VORTAG
2 ZWIEBELN (70 G)
500 G RINDERHACKFLEISCH
1 EI (GR. M)
4 – 5 TL BULETTEN & FLEISCHPFLANZERL GEWÜRZ
4 EL RAPSÖL
20 G BUTTER
1 EL MEHL
150 G SCHLAGSAHNE
200 ML ANKERKRAUT GEMÜSEBRÜHE
½ BUND GLATTE PETERSILIE

1. Für die Frikadellen das Brötchen etwa 10 Minuten in lauwarmem Wasser einweichen. Zwiebeln schälen und in kleine Würfel schneiden.

2. Das Brötchen ausdrücken und klein zupfen. Mit Rinderhack, Ei und 3 TL Buletten Gewürz verkneten. Aus dem Fleischteig 8 Frikadellen formen und zugedeckt etwa 15 Minuten kühl stellen.

3. Das Öl in einer großen Pfanne erhitzen. Die Frikadellen von beiden Seiten ca. 7 Minuten anbraten und aus der Pfanne nehmen. Die Pfanne mit Küchenpapier auswischen.

4. Für die Sauce die Butter in der Pfanne schmelzen, das Mehl darin anschwitzen. 1 TL Buletten Gewürz, Sahne und Brühe nach und nach unterrühren. Die Sauce 5 Minuten köcheln lassen.

5. Die vorgegarten Frikadellen in die Sauce legen und etwa 10 Minuten fertig garen. Inzwischen die Petersilie waschen, trocken schütteln, die Blätter abzupfen, in Streifen schneiden und zur Sauce geben. Die Sauce mit Buletten Gewürz abschmecken.

# KARTOFFEL-HACK-AUFLAUF

60 MIN.     4 PORTIONEN     HERD & OFEN

ZUTATEN

200 G PASTINAKEN

250 G MÖHREN

600 G KARTOFFELN

100 G LAUCH (PORREE)

3 EL RAPSÖL

ANKERKRAUT SALZ

750 G GEM. HACKFLEISCH (RIND UND SCHWEIN)

2 EL ANKERKRAUT AUFLAUF GEWÜRZ

100 ML WASSER

100 G SCHMAND

150 G GERIEBENER GOUDAKÄSE

**1.** Für die Gemüseschicht Pastinaken, Möhren und Kartoffeln schälen, abspülen und schräg in dünne Scheiben schneiden. Vom Lauch die trockenen und sehr dunklen Teile entfernen, den Lauch der Länge nach aufschneiden, gründlich abspülen und quer in dünne Streifen schneiden.

**2.** Den Backofen auf 200 °C (Heißluft: 180 °C) vorheizen. Das Öl in einer großen Pfanne erhitzen. Das Gemüse, bis auf den Lauch, 5 Minuten im Öl anschwitzen. Den Lauch dazugeben, das Gemüse salzen und aus der Pfanne nehmen.

**3.** Das Hackfleisch in die Pfanne geben und bei mittlerer Hitze unter Rühren anbraten. Das Auflauf Gewürz, Wasser und Schmand hinzufügen und in eine flache Auflaufform (etwa 3 l Inhalt) geben. Das Gemüse auf dem Hack verteilen. Mit Käse bestreuen und den Auflauf etwa 30 Minuten im Backofen garen.

# RACLETTE-BACON-BROT

 40 MIN.  1 BROT  OFEN

## ZUTATEN

400 G DINKELMEHL (TYPE 630)
100 G ROGGENMEHL (TYPE 997)
1 PCK. TROCKENBACKHEFE (FÜR 500 G MEHL)
1 TL ANKERKRAUT SALZ
1 EL ANKERKRAUT RACLETTE GEWÜRZ
300 ML WASSER
1 EL WEISSWEINESSIG
8 DÜNNE SCHEIBEN RACLETTEKÄSE (ETWA 250 G)
8 DÜNNE SCHEIBEN BACON (ETWA 120 G)
MEHL ZUM BEARBEITEN

## AUSSERDEM

1 KASTENFORM 25 X 11 CM
BUTTER ZUM EINFETTEN

1. Für den Teig die Mehle mit Hefe, Salz und Raclette Gewürz in einer Schüssel mischen. Wasser und Essig dazugeben. Mit den Knethaken des Handrührers etwa 5 Minuten zu einem glatten Teig kneten. Den Teig mit Mehl bestäuben. Den Schüsselrand mit Wasser bestreichen. Die Schüssel mit Frischhaltefolie verschließen, den Teig etwa 90 Minuten gehen lassen.

2. Die Kastenform mit Butter einfetten. Den Teig auf der bemehlten Arbeitsfläche zu einem Rechteck (50 x 40 cm) ausrollen. Das Rechteck in 8 Streifen (jeweils etwa 20 x 12,5 cm) schneiden.

3. Auf die Mitte jedes Streifens nacheinander jeweils 1 Scheibe Käse und eine Scheibe Bacon legen. Die Streifen der Länge nach überklappen und mit der geschlossenen Seite nach unten locker in die Form setzen. Die Form mit einem Tuch bedecken. Ein weiteres Mal den Teig bei Zimmertemperatur etwa 30 Minuten gehen lassen.

4. Den Backofen auf 180 °C (Heißluft: 160 °C) vorheizen. Die Form in den Backofen schieben. Den Teig etwa 40 Minuten backen.

5. Das heiße Brot nach 5 Minuten vorsichtig aus der Form stürzen und auf einem Kuchengitter erkalten lassen.

# PFEFFER WISSEN

**DES PFEFFERS KÖNIGREICH** EXISTIERT SCHON EINE HALBE EWIGKEIT. TROTZ SEINES URSPRUNGS IN INDIEN WAR DER PFEFFER SCHON IM ALTEN ROM EIN BELIEBTES GEWÜRZ UND SO WERTVOLL, DASS ER SOGAR ALS ZAHLUNGS-MITTEL DIENTE. PFEFFER IST NICHT NUR UNERLÄSSLICH BEIM KOCHEN UND GRILLEN, SONDERN RUNDET AUCH SÜSSSPEISEN UND OBST AB. MIT ÜBER 30 VERSCHIEDENEN PFEFFERSORTEN KANN MAN SCHON MAL IN ENTSCHEI-DUNGSSCHWIERIGKEITEN KOMMEN, ABER WIR KLÄREN DICH JETZT AUF.

### SCHWARZER PFEFFER

Ohne große Umwege gehört grob gemahlener schwarzer Pfeffer direkt auf alle leckeren Gerichte, die etwas Pfeffer vertragen können! Verwende ihn als Finish auf gegrill-tem oder gebratenem Fleisch, beim Kochen im Gemüse-Wok oder im Dressing auf deinem Lieblingssalat und Dir wird nie wieder langwei-lig, versprochen! Dass schwarzer Pfeffer so vielseitig einsetzbar ist und genau die richtige Schärfe aufweist, liegt daran, dass er bei der Lufttrocknung die markanten Aromen verliert. Das macht ihn zum neutralsten und damit zum vielsei-tig einsetzbaren Pfefferkorn.

### WEISSER PFEFFER

Weißer Pfeffer zeichnet sich durch seine besonders aromatische Milde aus. Der Schärfegrad entspricht etwa dem von schwarzem Pfeffer, weißer Pfeffer wird aber bevorzugt, wenn schwarzer Pfeffer einem hel-len Gericht rein optisch keinen Ge-fallen tun würde. Auch eignet sich weißer Pfeffer in hervorragender Weise zum letzten Abschmecken vor dem Servieren. Wie er entsteht? Vom selben Strauch wie schwarzer Pfeffer gepflückt, erfährt weißer Pfeffer nach der Ernte noch eine spezielle Behandlung. Die vollreifen und rotfleischigen Beeren werden einige Tage in fließendem Was-ser eingeweicht, so dass sich das Fruchtfleisch sowie die Außenhaut vom Kern lösen.

### GRÜNER PFEFFER

Ja, es gibt sie – Menschen, die die Schärfe des im Pfeffer enthaltenen Piperin nicht mögen. Aber, es gibt auch ihn. Den grünen Pfeffer, der eine deutlich mildere Schärfe auf-weist, frisch duftet und mit leicht krautigem Geschmack überrascht. Das „scharfe" Piperin reichert sich mit zunehmender Reife der Bee-ren an. Die Pfefferbeeren für den grünen Pfeffer werden frühzeitig geerntet und in Salzwasser einge-legt oder gefriergetrocknet. So wird der Prozess der Reifung und der Schwarzfärbung unterbunden und es entsteht ein kostbarer Pfeffer mit feinem und mildem Aroma. Übrigens, grüner Pfeffer ist erst seit dem 20. Jahrhundert bekannt.

## TELLICHERRY PFEFFER

| | |
|---|---|
| SCHÄRFE | ● ● ○ ○ |
| GESCHMACK | warmes, nussiges Aroma |
| HERKUNFT | Indien, Provinz Thalassery |
| BESONDERHEIT | sehr späte Ernte |

Passt gut zu dunklem Fleisch, Saucen, Käse

## KAMPOT

| | |
|---|---|
| SCHÄRFE | ● ● ● ○ |
| GESCHMACK | warmes, nussiges Aroma |
| HERKUNFT | Kambodscha |
| BESONDERHEIT | wird in Handarbeit erzeugt |

Passt gut zu Fleisch, Fisch, Dessert

## VOATSIPERIFERY URWALD PFEFFER

| | |
|---|---|
| SCHÄRFE | ● ● ● ○ |
| GESCHMACK | reich, erdig-blumig |
| HERKUNFT | Regendwald Madagaskars |
| BESONDERHEIT | eine nicht kultivierte Wildform |

Passt gut zu Süßspeisen, Lamm, Salat

## SZECHUANPFEFFER

| | |
|---|---|
| SCHÄRFE | ● ○ ○ ○ |
| GESCHMACK | fruchtig, zitronig |
| HERKUNFT | Japan, Korea, Nord-China |
| BESONDERHEIT | Teil der bekannten asiatischen Gewürzmischung „Fünf-Gewürze-Pulver" |

Passt gut zu Geflügel, Pilze, grüner Tee

## LANGER PFEFFER

| | |
|---|---|
| SCHÄRFE | ● ● ● ● |
| GESCHMACK | süß-säuerlich, mild-schokoladiges Aroma |
| HERKUNFT | Indien |
| BESONDERHEIT | Schärfe entfaltet sich beim Erhitzen, süßliche Aromen bei kalten Speisen |

Passt gut zu Wild, Ente, Rotkohl

## KUBEBENPFEFFER

| | |
|---|---|
| SCHÄRFE | ● ○ ○ ○ |
| GESCHMACK | würzig-holzig |
| HERKUNFT | Indonesien |
| BESONDERHEIT | Fester Bestandteil in Tajine-Gerichten |

Passt gut zu Saucen, Schmorgerichten, Grünkohl

## PIMENT

| | |
|---|---|
| SCHÄRFE | ● ○ ○ ○ |
| GESCHMACK | Nelkenähnlich |
| HERKUNFT | Jamaika, Süd Amerika |
| BESONDERHEIT | wird in Großbritannien als „Allspice" bezeichnet, da es zu fast allem passt |

Passt gut zu Schmorgerichten, Wild, Obst

## ROSA BEERE

| | |
|---|---|
| SCHÄRFE | ○ ○ ○ ○ |
| GESCHMACK | süßlich-bitter |
| HERKUNFT | Peru |
| BESONDERHEIT | Früchte des brasilianischen Pfefferbaums, botanisch gesehen kein echter Pfeffer |

Passt gut zu Fisch, Geflügel, Schokolade

## FERMENTIERTER PFEFFER

| | |
|---|---|
| SCHÄRFE | ● ● ● ○ |
| GESCHMACK | salzig, frisch, ätherisch mit leichter Säure |
| HERKUNFT | indisches Hochland |
| BESONDERHEIT | Der „Kaviar" unter den Pfeffern, wird mit Meersalz fermentiert |

Passt gut zu Steak, Fischfilet, Eierspeisen

— STEFAN SAGT —

*Gerne das Fladenbrot
15 Minuten vor dem Essen auf
dem Rost in den Backofen schieben.
Den Ofen auf 120 °C Umluft
schalten und das Brot etwa
10 – 15 Minuten aufbacken.*

# GYROS-PFANNE

## MIT TZATZIKI

40 MIN.        4 PORTIONEN        HERD

### ZUTATEN

#### FÜR DIE GYROS-PFANNE

750 G LAMMNACKEN ODER KEULE

4 EL ANKERKRAUT GYROS GEWÜRZ

4 ROTE ZWIEBELN (ETWA 200 G)

4 EL OLIVENÖL

#### FÜR DAS TZATZIKI

1 SALATGURKE (ETWA 400 G)

250 G MAGERQUARK

250 G SAHNEQUARK (20 % FETT)

4 – 5 EL ANKERKRAUT TZATZIKI GEWÜRZ

#### AUSSERDEM

1 RUNDES FLADENBROT

**1.** Das Fleisch in Streifen schneiden und mit dem Gyros Gewürz marinieren. Die Zwiebeln schälen und in Streifen schneiden.

**2.** Das Fleisch in 2 Portionen in jeweils 2 EL Öl anbraten und in eine Schüssel geben. Die Zwiebelstreifen im Bratfett etwa 5 Minuten bei kleiner Hitze braten.

**3.** Inzwischen die Gurke abspülen und in eine Schüssel raspeln. Den Quark und das Tzatziki Gewürz unterrühren.

**4.** Das Fleisch wieder in die Pfanne geben und erhitzen. Die Gyros Pfanne mit dem Tzatziki und dem Fladenbrot servieren.

— STEFAN SAGT—

„ *Natürlich kann man auch 4 Stücke Hähnchenbrust ohne Haut und Knochen kaufen. Die Stücke dann einfach mit Küchenpapier abtupfen und vor dem Marinieren quer durchschneiden. Dann zubereiten wie beschrieben.* „

# TANDOORI CHICKEN

## MIT MANGO-GURKEN-SALAT

45 MIN.　　4 PORTIONEN　　HERD

### ZUTATEN

#### FÜR DAS TANDOORI CHICKEN

1 HÄHNCHEN (ETWA 1,5 KG)
100 G VOLLMILCHJOGHURT
3 EL ANKERKRAUT TANDOORI CHICKEN
2 EL KOKOSÖL

#### FÜR DEN MANGO-GURKEN SALAT

1 REIFE MANGO (ETWA 600 G)
1 SALATGURKE (ETWA 400 G)
2 EL REISESSIG
2 STÄNGEL KORIANDER ODER GLATTE PETERSILIE
ANKERKRAUT SALZ

**1.** Vom Hähnchen Brust, Keulen und Flügel abtrennen. Die Bruststücke quer halbieren. Von den Flügeln die Spitzen entfernen, die Flügel im Gelenk halbieren. Von allen Teilen die Haut abziehen.

**2.** Joghurt und Tandoori Chicken Gewürz verrühren, die Hähnchenstücke damit einstreichen, in eine flache Form legen, zudecken, kühl stellen und etwa 3 Stunden marinieren.

**3.** Inzwischen das Fruchtfleisch der ungeschälten Mango an den beiden flachen Seiten entlang des Steins abschneiden. Fruchtfleisch mit der Schale in breite Streifen schneiden, die Schale abschneiden und das Fruchtfleisch in kleine Würfel schneiden.

**4.** Die Gurke schälen, der Länge nach halbieren und mit einem Teelöffel entkernen. Die Hälften quer in dünne Scheiben schneiden, mit Mangowürfeln und Essig vermengen.

**5.** Kokosöl in einer beschichteten Pfanne erhitzen. Die bestrichenen Hähnchenstücke darin bei kleiner Hitze anbraten, anschließend zugedeckt etwa 15 Minuten braten, zwischendurch wenden.

**6.** Koriander oder Petersilie abspülen, trocken tupfen, die Blätter grob schneiden und unter den Salat heben. Den Salat mit Salz abschmecken. Mit dem Tandoori Chicken servieren. Dazu passt Basmati Reis mit schwarzem Sesam.

# CHICKEN PARMIGIANA

35 MIN.          4 PORTIONEN          HERD & OFEN

ZUTATEN

4 HÄHNCHENBRUSTFILETS (ETWA 700 G)
ANKERKRAUT SALZ & PFEFFER
3 EL OLIVENÖL
400 ML PASSIERTE TOMATEN
4 EL ANKERKRAUT TOMATENSAUCEN GEWÜRZ
4 TOMATEN (200 G)
250 G BÜFFEL-MOZZARELLA
150 G PARMESAN

**1.** Den Backofen auf 200 °C (Heißluft: 180 °C) vorheizen. Hähnchenbrustfilets mit Küchenpapier trocken tupfen und waagerecht halbieren. Alle Hälften mit Salz und Pfeffer würzen.

**2.** Das Öl in einer großen Pfanne erhitzen. Die Filets darin von beiden Seiten bei starker Hitze sehr kurz anbraten und nebeneinander auf einen Teller legen.

**3.** Passierte Tomaten und Tomatensaucen Gewürz verrühren. Tomaten abspülen und die Stielansätze keilförmig herausschneiden. Die Tomaten in Scheiben schneiden.

**4.** Mozzarella abtropfen lassen und mit den Händen zerbröseln. Parmesan fein reiben.

**5.** In 4 kleine Auflaufformen (je 300 ml) jeweils 1 angebratenes Filet legen. Darauf nacheinander die Tomatenscheiben, die Hälfte des Mozzarellas und des Parmesans verteilen. Mit den übrigen Filets bedecken. Tomatensauce, restlichen Mozzarella und Parmesan nacheinander darauf geben. Etwa 25 Minuten im vorgeheizten Backofen garen.

— STEFAN SAGT —

" *Oftmals bereite ich noch
eine schnelle Sauce zu: 300 g
Vollmilchjoghurt mit etwas
abgeriebener Zitronenschale
und Fleur de Sel verrühren
und zu Brathähnchen
und Bratkartoffeln
servieren.* "

# BRATHÄHNCHEN
## MIT KARTOFFELSPALTEN

 70 MIN.   4 PORTIONEN   OFEN

### ZUTATEN

900 G VORWIEGEND FEST KOCHENDE KARTOFFELN

3 EL OLIVENÖL

2 EL ANKERKRAUT BRATKARTOFFEL GEWÜRZ

2 ROSMARINZWEIGE

4 HÄHNCHENKEULEN (ETWA 1,2 KG)

2 EL ANKERKRAUT BRATHÄHNCHEN GEWÜRZ

ANKERKRAUT FLEUR DE SEL

1. Den Backofen auf 200 °C (Heißluft: 180 °C) vorheizen. Kartoffeln gründlich waschen, abtropfen lassen und in Spalten schneiden. 2 EL Olivenöl und das Bratkartoffel Gewürz in einer Schüssel verrühren. Kartoffelspalten und Rosmarinzweige darin wenden.

2. Hähnchenkeulen mit Küchenpapier abtupfen und in eine große Schüssel geben. Brathähnchen Gewürz und restliches Öl dazugeben. Die Keulen mit dem Gewürz einreiben.

3. Ein Backblech mit Backpapier belegen. Nacheinander die Kartoffelspalten und die Hähnchenkeulen auf das Blech legen. Im vorgeheizten Backofen etwa 45 Minuten garen. Kartoffeln vor dem Servieren salzen.

# ANANAS-PUTEN-CURRY

 80 MIN.  4 PORTIONEN  HERD

## ZUTATEN

700 G PUTENBRUST

3 – 4 EL ANKERKRAUT CURRY ROYAL GOLD

½ ANANAS (ETWA 600 G)

500 G PAK CHOI

1 BD. FRÜHLINGSZWIEBELN (125 G)

3 EL KOKOSÖL

ANKERKRAUT SALZ

200 ML ANKERKRAUT GEMÜSEBRÜHE

200 G BREITE REISBANDNUDELN

2 TL SPEISESTÄRKE

1 EL ANKERKRAUT MUSCOVADO ZUCKER

2 EL SCHWARZER SESAM

**1.** Putenbrust mit Küchenpapier abtupfen, in etwa 2 cm große Würfel schneiden und mit 3 EL Curry Royal Gold in einer Schüssel vermengen.

**2.** Ananas schälen, der Länge nach zweimal durchschneiden, den Strunk herausschneiden und das Fruchtfleisch quer in Scheiben schneiden. Pak Choi putzen, abspülen und die Blätter längs halbieren. Frühlingszwiebeln putzen, abspülen und schräg in Ringe schneiden.

**3.** Das Öl in einer Pfanne erhitzen. Das Fleisch in zwei Portionen darin anbraten, salzen und aus der Pfanne nehmen. Brühe in die Pfanne geben, den Bratensatz damit lösen. Fleisch, Pak Choi und Ananas dazugeben und zugedeckt etwa 5 Minuten bei kleiner Hitze garen.

**4.** Nudeln nach Packungsanleitung kochen und abtropfen lassen. Stärke und 2 EL Wasser verrühren, unter das Puten-Curry rühren und aufkochen lassen. Lauchzwiebeln und Zucker unterrühren. Das Puten-Curry mit Salz und Curry Royal Gold abschmecken und mit den Nudeln servieren. Nudeln mit Sesam bestreuen.

— STEFAN SAGT —

*„Wenn ich richtig gute Laune
habe, röste ich noch 50 g
Cashewkerne oder gehackte
Haselnüsse und streu sie auf
das Blumenkohl-Curry."*

# BLUMENKOHL-CURRY

45 MIN.      4 PORTIONEN      HERD

## ZUTATEN

3 SCHALOTTEN (100 G)

1 KNOBLAUCHZEHE

1 BLUMENKOHL (1 KG)

1 SÜSSKARTOFFEL (400 G)

2 – 3 EL ANKERKRAUT CURRY MADRAS

400 G KOKOSMILCH

150 ML ANKERKRAUT GEMÜSEBRÜHE

100 G KIRSCHTOMATEN

20 G KORINTHEN

ANKERKRAUT SALZ

MINZE ZUM GARNIEREN

ETWAS ÖL

**1.** Schalotten und Knoblauch schälen und in Streifen schneiden. Vom Blumenkohl die dunklen Blätter entfernen. Den Kohl in Röschen teilen und in einem Sieb abspülen. Die Blumenkohlstiele schälen und in breite Scheiben schneiden.

**2.** Die Süßkartoffel schälen, abspülen und in kurze etwa 1 cm dicke Streifen schneiden. Das Öl in einem Topf erhitzen, Schalotten und Knoblauch darin 2 Minuten anschwitzen. Curry Madras unterrühren. Süßkartoffelstreifen und Blumenkohlröschen und -stiele unterrühren. Kokosmilch und Brühe dazugeben und aufkochen. Das Gemüse bei milder Hitze etwa 8 Minuten im geschlossenen Topf dünsten.

**3.** Inzwischen die Kirschtomaten abspülen und in der Mitte durchschneiden. Tomatenhälften und Korinthen zum Gemüse geben und 2 – 3 Minuten dünsten. Das Blumenkohl-Curry mit Salz abschmecken.

**4.** Minze abspülen, trocken tupfen, die Blätter abzupfen und auf das Blumenkohl-Curry geben.

# VEGGIE WOK

 40 MIN.    4 PORTIONEN    HERD

ZUTATEN

500 G PAPRIKASCHOTEN (ROT, GRÜN, GELB)

150 G ZUCKERSCHOTEN

1 BD. FRÜHLINGSZWIEBELN (125 G)

1 AUBERGINE

2 – 3 TL ANKERKRAUT WOK GEWÜRZ

3 EL ERDNUSSÖL

250 ML ANKERKRAUT GEMÜSEBRÜHE

100 G GERÖSTETE, GESALZENE ERDNÜSSE

2 EL SOJASAUCE

**1.** Das Gemüse abspülen. Die Paprikaschoten putzen und in Streifen schneiden. Die Zuckerschoten putzen und schräg durchschneiden. Von den Frühlingszwiebeln die Wurzeln und trockenen Enden abschneiden, die Zwiebeln in Ringe schneiden. Die Enden der Aubergine abschneiden. Die Aubergine längs halbieren, in dünne Scheiben schneiden und mit 1 TL Wok Gewürz mischen.

**2.** Das Erdnussöl in einem Wok oder einer großen Pfanne erhitzen. Zuerst die Paprikastreifen hinzugeben und 2 Minuten unter Rühren braten. Danach die Auberginenscheiben dazugeben und 2 Minuten braten. Die Brühe nach und nach hinzufügen. Anschließend Zuckerschoten 2 Minuten mitgaren.

**3.** Die Erdnusskerne grob hacken und zusammen mit den Frühlingszwiebeln in den Wok geben. Das Gemüse aufkochen und mit Sojasauce und restlichem Wok Gewürz abschmecken.

# BROKKOLI-CREMESUPPE

45 MIN.  4 PORTIONEN  HERD

## ZUTATEN

700 G BROKKOLI
50 G SCHALOTTEN
1 KNOBLAUCHZEHE
40 G BUTTER
800 ML ANKERKRAUT GEMÜSEBRÜHE
30 G GEHOBELTE MANDELN
200 G SCHLAGSAHNE
ANKERKRAUT SALZ & PFEFFER
ANKERKRAUT MUSKATNUSS, GERIEBEN
1 – 2 TL ZITRONENSAFT

**1.** Den Brokkoli abspülen und in Röschen teilen. 200 g Röschen in Scheiben schneiden. Die Brokkolistiele schälen und in Scheiben schneiden.

**2.** Schalotten und Knoblauch schälen, in Scheiben schneiden und in 30 g Butter anschwitzen. Brokkoliröschen und -stiele dazugeben und kurz anschwitzen. Die Brühe dazugeben und aufkochen. Das Gemüse im geschlossenen Topf etwa 15 Minuten köcheln lassen.

**3.** Inzwischen die Mandeln in einer Pfanne ohne Fett goldbraun rösten und auf einem Teller abkühlen lassen. Die restliche Butter in der Pfanne schmelzen, die Brokkolischeiben darin bei milder Hitze goldbraun braten.

**4.** Die Sahne zur Suppe geben und aufkochen. Die Suppe pürieren und mit Salz, Pfeffer, Muskatnuss und Zitronensaft würzen. Die Suppe mit Brokkolischeiben und Mandeln servieren.

# KÜRBIS-SUPPE

35 MIN.   6 PORTIONEN   HERD

ZUTATEN

1 HOKKAIDO KÜRBIS (ETWA 1,5 KG)

1 ZWIEBEL (50 G)

1 KNOBLAUCHZEHE

3 EL OLIVENÖL

2 EL ANKERKRAUT KÜRBISSUPPEN GEWÜRZ

4 EL WEISSWEIN

800 ML ANKERKRAUT GEMÜSEBRÜHE

200 G SCHLAGSAHNE

ANKERKRAUT SALZ

1 – 2 EL LIMETTENSAFT

**1.** Den Kürbis abspülen, halbieren, entkernen und in etwa 2 cm große Stücke schneiden. Die Zwiebel und den Knoblauch schälen und in Streifen schneiden.

**2.** Das Öl in einem Topf erhitzen. Zwiebel, Knoblauch und Kürbis darin anschwitzen. Kürbissuppen Gewürz unterrühren. Weißwein und Brühe dazugeben und aufkochen. Die Suppe im geschlossenen Topf etwa 15 Minuten kochen, bis die Kürbisstücke weich sind.

**3.** 150 g Sahne zur Suppe geben und aufkochen. Die Suppe im Standmixer oder mit einem Pürierstab fein pürieren. Mit Salz und Limettensaft abschmecken. Die Suppe in Schälchen füllen. Die restliche Sahne tropfenweise in die Suppe geben.

# PILZ-RISOTTO

45 MIN.    4 PORTIONEN    HERD

### ZUTATEN

3 SCHALOTTEN (100 G)

30 G BUTTER

350 G RISOTTOREIS

125 ML WEISSWEIN

ETWA 900 ML ANKERKRAUT GEMÜSEBRÜHE

1 ½ EL ANKERKRAUT PILZPFANNE

100 G PARMESAN

1 BD SCHNITTLAUCH

500 G WALDPILZE, Z. B. STEINPILZE UND PFIFFERLINGE

2 EL OLIVENÖL

ANKERKRAUT SALZ & PFEFFER

**1.** Die Schalotten schälen und in kleine Würfel schneiden. Die Butter in einem Topf erhitzen, die Schalottenwürfel 3 Minuten darin anschwitzen.

**2.** Den Reis dazugeben und anschwitzen. Mit Weißwein auffüllen und kräftig aufkochen. Danach so viel Brühe hinzufügen, dass der Reis etwa fingerbreit bedeckt ist. Pilzpfannen Gewürz unterrühren.

**3.** Den Reis im offenen Topf etwa 15 Minuten köcheln lassen. Dabei immer wieder so viel Brühe dazugeben, dass der Reis bedeckt ist. Zwischendurch umrühren.

**4.** Während des Garens den Käse reiben. Den Schnittlauch abspülen, abtrocknen und in dünne Ringe schneiden. Die Pilze putzen, falls nötig abspülen, und grob zerschneiden.

**5.** Fünf Minuten vor Ende der Garzeit das Öl in einer großen Pfanne erhitzen. Pilze darin 3 – 5 Minuten braten. Jeweils 2/3 des Parmesans, der Pilze und des Schnittlauchs unter den Risotto rühren. Den Risotto mit Salz und Pfeffer abschmecken und mit restlichem Parmesan, Schnittlauch und Pilzen garnieren.

# SAMOSAS

60 MIN.    15 STÜCK    HERD & FRITEUSE

### ZUTATEN

100 G LAUCH

1 EL KOKOSÖL

150 G GETR. ROTE LINSEN

250 ML GEMÜSEBRÜHE

50 G KORINTHEN

2 TL ANKERKRAUT AFRICAN DESERT DUST

50 G GERÖSTETE CASHEWKERNE

1 EIWEISS

1 PCK. FILO- ODER YUFKATEIGBLÄTTER (10 BLÄTTER, 30 X 31 CM)

500 G VOLLMILCHJOGHURT

SALZ

### AUSSERDEM

ETWA 2 L ÖL ZUM FRITTIEREN

**1.** Den Lauch putzen, der Länge nach aufschneiden, waschen und schräg in dünne Streifen schneiden. Das Öl in einem Topf erhitzen, den Lauch darin kurz anschwitzen. Linsen, Brühe und Korinthen dazugeben. Den Deckel auflegen. Linsengemüse etwa 8 Minuten dünsten, mit African Desert Dust würzen und abkühlen lassen.

**2.** Die Cashewkerne grob hacken und unter das Linsengemüse rühren. Das Eiweiß verquirlen.

**3.** Alle Teigblätter aufeinanderlegen und in drei etwa 10 cm breite Streifen schneiden. Alle 30 Teigstreifen aufeinanderlegen und mit Frischhaltefolie bedecken, damit sie nicht antrocknen. Zum Füllen je einen der 30 Teigstreifen längs auf die Arbeitsfläche legen. Die rechte, untere Ecke des Streifens nach links klappen, so dass unten ein Dreieck entsteht. Das Dreieck öffnen und mit 1 EL Linsengemüse füllen. Das Dreieck wieder schließen.

**4.** Dann das Dreieck erst gerade nach oben, anschließend nach rechts und wieder nach oben klappen. Das offene Teigende mit Eiweiß bestreichen, auf das Dreieck legen und andrücken. Anschließend das gefüllte Dreieck anstelle des Linsengemüses auf einen weiteren Teigstreifen legen und auf dieselbe Weise einwickeln. Aus den übrigen Teigblättern weitere 14 Samosas herstellen.

**5.** Das Öl auf etwa 175 °C erhitzen. Die Samosas in mehreren Portionen goldbraun frittieren und auf einem Kuchengitter abtropfen lassen. Den Joghurt mit Salz verrühren. Die Samosas kalt oder warm mit dem Joghurt servieren.

# NEAPOLITA-NISCHE PIZZA

120 MIN.        4 PIZZEN        OFEN

ZUTATEN

350 G WEIZENMEHL (TYPE 550)

ANKERKRAUT SALZ

1 PCK. TROCKENBACKHEFE (FÜR 500 G MEHL)

180 ML WASSER

5 EL OLIVENÖL

1 DOSE TOMATENSTÜCKE (400 G)

3 EL ANKERKRAUT PIZZAGEWÜRZ

30G TOMATENMARK

ETWA 1 KG VERSCHIEDENE TOMATEN

(Z.B. STRAUCH-, KIRSCH- UND

OCHSENHERZTOMATEN ODER BUNTE TOMATEN)

MEHL ZUM AUSROLLEN

6 STÄNGEL BASILIKUM

**1.** Für den Teig Mehl, 1 TL Salz und Hefe in einer Rühr-schüssel mischen. Wasser und 3 EL Öl dazugeben, die Schüssel mit einem sauberen Geschirrtuch zudecken und den Teig etwa 50 Minuten aufgehen lassen.

**2.** Inzwischen die Tomatenstücke mit Pizza Gewürz, Tomatenmark und etwas Salz verrühren. Die Tomaten abspülen, von den Größeren die Stielansätze keil-förmig herausschneiden. Kirschtomaten waagerecht durchschneiden. Restliche Tomaten in etwa 1 cm dicke Scheiben schneiden. Den Backofen auf 250 °C (Heißluft: 230 ° C) vorheizen.

**3.** Den Teig in 4 Portionen teilen. Für jede Pizza eine Portion Teig auf der bemehlten Arbeitsfläche zu einer runden, sehr dünnen Platte (Ø etwa 32 cm) ausrollen und auf ein mit Backpapier belegtes Backblech legen. Den Teigrand rundherum 1 – 2 cm breit nach innen klappen.

**4.** Ein Viertel der gewürzten Tomatenstücke mit einem Löffel auf dem Teig verteilen, mit einem Viertel der verschiedenen Tomatenscheiben und –hälften bele-gen. 5 Minuten ruhen lassen.

**5.** Die Pizza auf der unteren Einschubleiste etwa 10 Minuten hellbraun backen. (Bei Heißluft können zwei Pizzen auf einmal gebacken werden.) Während der Backzeit die restlichen Pizzen auf die gleiche Weise vorbereiten.

**6.** Basilikum abspülen, trocken tupfen und die Blätter abzupfen. Die heißen Pizzen mit restlichem Olivenöl beträufeln und mit etwas Salz und Basilikumblättern garnieren.

# SALZ WISSEN

**SALZ IST DAS WÜRZMITTEL NUMMER 1,** ENTHÄLT WEDER AROMEN NOCH ZUSÄTZLICHE GESCHMACKSKOMPONENTEN UND IST – TROMMELWIRBEL – EINE DER FÜNF GRUNDGESCHMACKSRICHTUNGEN (SÜSS, SAUER, SALZIG, BITTER, UMAMI). SALZ PASST IN RICHTIGER DOSIERUNG ZU NAHEZU JEDER SPEISE UND IST ZUDEM NICHT WENIGER ALS ÜBERLEBENSWICHTIG. ABER ES SOLLTE NICHT IN ZU HOHEM MASSE VERWENDET WERDEN. EINZIGE AUSNAHME: DU BIST KOCH ODER KÖCHIN UND SCHWER VERLIEBT.

## MEERSALZ

Das Meersalz ist in der Regel etwas feuchter als gewöhnliches Kochsalz. Das liegt in erster Linie daran, dass es sich um ein Salz handelt, das in Meersalinen aus Meerwasser durch natürliche Verdunstung gewonnen wird. Pro Liter enthält Meersalz durchschnittlich 35g Salz und besteht zu 95 Prozent aus Natriumchlorid. Meersalz macht 30 Prozent der gesamten Salzproduktion aus – all over the world!

## STEINSALZ

Steinsalz war früher Meersalz und ist durch klimatische und tektonische Veränderung vor mehreren Millionen Jahren im Stein eingelagert worden. Und da ist es nun und macht es sich unter der Erde in Salzstöcken gemütlich und erst dann vom Acker, pardon: vom Salzstock, wenn es bergmännisch aus dem Stein geschlagen wird: Der Natriumgehalt liegt übrigens bei 99 Prozent und Steinsalz macht 70 Prozent der weltweiten Salzproduktion aus.

## SIEDESALZ

Zum Schluss noch etwas mit Tiefgang, denn hier lösen unterirdische Wasserquellen das Salz aus den Steinsalzstöcken heraus und reichern sich damit an. „Sole" nennt man das Salzwasser dann und diese kommt entweder auf natürlichem Wege an die Erdoberfläche oder sie wird künstlich hochgepumpt. Gewonnen wird das Salz dann schließlich durch Verkochen des Wassers, das sogenannte Sieden. Interessant, oder?

## PERLENSALZ

| STRUKTUR | perlenartig |
|---|---|
| HERKUNFT | Südwesten Afrikas |
| BESONDERHEIT | mild im Geschmack |
| PASST ZU | Brot und Olivenöl |

## SCHWARZES PYRAMIDENSALZ

| STRUKTUR | perlenartig |
|---|---|
| HERKUNFT | Südwesten Afrikas |
| BESONDERHEIT | mild im Geschmack |
| PASST ZU | Brot und Olivenöl |

## BAMBUSSALZ

| STRUKTUR | pulvrig |
|---|---|
| HERKUNFT | Korea |
| BESONDERHEIT | Konsistenz wie Puderzucker |
| PASST ZU | Gekochtes Gemüse, Ofenkartoffeln |

## GRÜNES HAWAIISALZ

| STRUKTUR | grob-körnig |
|---|---|
| HERKUNFT | Hawaii |
| BESONDERHEIT | angereichert mit Bambusextrakt |
| PASST ZU | Wok, Curry |

## SCHWARZES HAWAIISALZ

| STRUKTUR | grob-körnig |
|---|---|
| HERKUNFT | Hawaii |
| BESONDERHEIT | angereichert mit Aktivkohle |
| PASST ZU | zum Nachwürzen am Tisch geeignet |

## ROTES HAWAIISALZ

| STRUKTUR | grob-körnig |
|---|---|
| HERKUNFT | Hawaii |
| BESONDERHEIT | angereichert mit vulkanischer Tonerde |
| PASST ZU | zum Nachwürzen am Tisch geeignet |

## RAUCHSALZ

| STRUKTUR | fein-körnig |
|---|---|
| HERKUNFT | USA (Hickory) & Dänemark (Buchenholz) |
| BESONDERHEIT | mehrere Tage dem Rauch ausgesetzt |
| PASST ZU | gebratenes Steak |

## KALA NAMAK SALZ

| STRUKTUR | Kieselstein-artig |
|---|---|
| HERKUNFT | Indien & Pakistan |
| BESONDERHEIT | extrem schwefelig-salzigen Geschmack |
| PASST ZU | Ei, vegane Ernährung |

## FLEUR DE SEL

| STRUKTUR | Kristallplättchen |
|---|---|
| HERKUNFT | Europa |
| BESONDERHEIT | das edelste Meersalz |
| PASST ZU | zum Nachwürzen am Tisch geeignet |

# GRÜNE LASAGNE

90 MIN.  4-6 PORTIONEN  OFEN

## ZUTATEN

### FÜR DIE BÉCHAMELSAUCE

60 G BUTTER
50 G WEIZENMEHL
600 ML MILCH
400 ML ANKERKRAUT GEMÜSEBRÜHE
130 G GERIEBENER MITTELALTER GOUDA
ANKERKRAUT SALZ, PFEFFER, GERIEBENE MUSKATNUSS

### FÜR DIE GEMÜSEMISCHUNG

500 G GRÜNER SPARGEL
500 G ZUCCHINI
150 G TK-ERBSEN
3 EL ANKERKRAUT AGLIO E OLIO
12 LASAGNEPLATTEN (OHNE VORKOCHEN, ETWA 250 G)

### ZUM EINSTREICHEN

2 EL OLIVENÖL

1. Für die Béchamelsauce die Butter in einem Topf schmelzen. Das Mehl unter Rühren darin anschwitzen. Nacheinander Milch und Brühe dazugeben und unter Rühren aufkochen. Ein Drittel des Käses unterrühren. Die Sauce mit Salz, Pfeffer und Muskat kräftig würzen.

2. Für die Gemüsemischung Spargel und Zucchini abspülen. Das untere Drittel der Spargelstangen schälen, die Enden abschneiden. Die Spargelstangen in der Mitte quer durchschneiden.

3. Die Enden der Zucchini abschneiden. Zucchini in dünne Scheiben schneiden. Gemüsescheiben mit Erbsen, Aglio e Olio und Öl in einer Schüssel vermengen. Den Backofen auf 200 °C (Heißluft: 180 °C) vorheizen.

4. Den Boden einer rechteckigen Auflaufform (etwa 2 ½ l) mit Öl bestreichen. 3 EL der Sauce auf dem Boden der Form verstreichen und mit einer Schicht Lasagneplatten belegen. Nacheinander jeweils ¼ der Gemüsemischung, ¼ der restlichen Béchamelsauce und Lasagneplatten darauf schichten. Diese Schichtung noch zweimal wiederholen. Zum Schluss die restliche Béchamelsauce darauf geben und mit übrigem Käse bestreuen.

5. Die Lasagne in den Backofen schieben und ca. 40 Minuten goldbraun backen.

# ÜBERBACKENER FETA
## MIT ZUCCHINI

45 MIN.    4 PORTIONEN    OFEN

### ZUTATEN

2 GRÜNE ZUCCHINI (500 G)
2 GELBE ZUCCHINI (500 G )
6 EL OLIVENÖL
3 EL ANKERKRAUT SCHAFSKÄSEGEWÜRZ GRILL
2 STÜCKE FETA (400 G)
½ BUND GLATTE PETERSILIE
25 G PISTAZIEN

1. Zucchini abspülen, die Enden abschneiden. Zucchini schräg in etwa 0,5 cm dicke Scheiben schneiden. Mit 4 EL Olivenöl und 2 EL Schafskäsegewürz in einer Schüssel vermengen.

2. Den Ofen auf 250°C (Heißluft: 230°C) vorheizen. Feta in 12 Dreiecke schneiden und mit restlichem Schafskäsegewürz bestreuen. Ein Backblech mit restlichem Öl bestreichen. Das Gemüse darauf verteilen, Schafskäse darauf legen und im vorgeheizten Backofen etwa 15 Minuten backen.

3. In der Zwischenzeit die Petersilie waschen, trocken schütteln, die Blätter abzupfen und grob hacken. Pistazien grob hacken.

4. Das Gemüse portionsweise mit jeweils 3 Feta-Ecken anrichten und mit Petersilie und Pistazien garnieren.

# GEBACKENER ZIEGENKÄSE

## MIT FEIGEN

25 MIN.     4 PORTIONEN     OFEN

### ZUTATEN

4 GROSSE, REIFE FEIGEN (JE 75 G)
200 G ZIEGENKÄSEROLLE
3 TL ANKERKRAUT KRÄUTER DER PROVENCE
ETWA 30 G RUCOLA
3 EL FLÜSSIGER HONIG

### AUSSERDEM

8 KURZE HOLZSPIESSE

**1.** Den Backofen auf 200 °C (Heißluft: 180 °C) vorheizen. Die Feigen abspülen, trocken tupfen und 3 mal waagerecht durchschneiden. Ziegenkäserolle in 8 Scheiben schneiden, die Scheiben mit Kräutern der Provence bestreuen. Die Feigen mit jeweils 2 Käsescheiben wieder zusammensetzen und mit jeweils 2 Holzspießen fixieren.

**2.** Die Feigen auf ein mit Backpapier belegtes Backblech stellen. Die Feigen 8 – 10 Minuten backen, bis der Käse zu schmelzen beginnt.

**3.** Rucola waschen, trocken tupfen und auf 4 Teller verteilen. Die Feigen darauf stellen und mit Honig beträufeln. Die Holzspieße entfernen.

# 01

## SALATDRESSING MIT DEM SALATGEWÜRZ GARTENKRÄUTER

**DRESSING FÜR 4 SALAT-PORTIONEN**

3 EL OBSTESSIG
1 TL APRIKOSENKONFITÜRE ODER ORANGENMARMELADE
2 TL ANKERKRAUT SALATGEWÜRZ GARTENKRÄUTER
2 EL OLIVENÖL
2 EL KÜRBISKERNÖL

Obstessig mit Konfitüre oder Marmelade und Salatgewürz verrühren. Olivenöl und Kürbiskernöl mit einem Schneebesen darunter schlagen oder alle Zutaten im geschlossenen Schraubglas kräftig schütteln.

### —ANNE SAGT—

*„Mein Lieblings-Dressing zu Sommersalaten mit Beeren oder herzhaften Salaten mit Avocado und Brot."*

# 02

# 03

# 02

## SALATDRESSING MIT DEM GURKENSALAT GEWÜRZ

DRESSING FÜR 4 SALAT-PORTIONEN

1 EL SCHMAND
1 TL MAYONNAISE
2 TL ANKERKRAUT GURKENSALAT GEWÜRZ
3 EL BALSAMICO BIANCO
1 EL OLIVENÖL

Schmand, Mayonnaise und das Gurkensalat Gewürz miteinander verrühren. Essig und Öl mit einem Schneebesen unterrühren.

# 03

## SALATDRESSING MIT DEM KRÄUTERBUTTER GEWÜRZ

DRESSING FÜR 4 SALAT-PORTIONEN

3 EL ACETO BALSAMICO
2 TL ANKERKRAUT KRÄUTERBUTTER GEWÜRZ
1 TL SENF
1 TL HONIG
4 EL OLIVENÖL
ANKERKRAUT SALZ & PFEFFER

Balsamico mit dem Kräuterbutter Gewürz, Senf und Honig verrühren. Olivenöl mit einem Schneebesen darunter schlagen oder alle Zutaten im geschlossenen Schraubglas kräftig schütteln.

# FISH & CHIPS

90 MIN.   4 PORTIONEN   FRITEUSE

## ZUTATEN

### FÜR DIE CHIPS

800 G GROSSE, VORWIEGEND FESTKOCHENDE KARTOFFELN
ETWA 3 TL ANKERKRAUT POMMES FRITES SALZ

### FÜR DEN FISH

210 G WEIZENMEHL
½ TL BACKPULVER
ANKERKRAUT SALZ
125 ML HELLES BIER (Z. B. PILS)
2 EIER (GR. M)
700 G KABELJAU-LOINS
(ODER KABELJAUFILET OHNE HAUT UND GRÄTEN)

### AUSSERDEM

ETWA 2 L ÖL ZUM FRITTIEREN

**1.** Die Kartoffeln schälen, abspülen und in lange, etwa 1 cm dicke Streifen schneiden. Die Streifen auf Küchenpapier trocken tupfen.

**2.** Für den Bierteig 150 g Mehl, Backpulver, ½ TL Salz, Bier und Eier verrühren und beiseite stellen.

**3.** Das Öl auf 160 °C erhitzen. Die Kartoffelstreifen in 3 Portionen jeweils 5 – 6 Minuten frittieren. Jede Portion auf Küchenpapier geben und abtropfen lassen. Den Backofen auf 170 °C (Heißluft: 150 °C) vorheizen.

**4.** Die Pommes Frites ein zweites Mal etwa 3 – 4 Minuten bei gleicher Temperatur frittieren, wieder auf Küchenpapier abtropfen lassen, anschließend auf ein mit Backpapier belegtes Backblech legen und im vorgeheizten Ofen warm halten.

**5.** Restliches Mehl in eine Schüssel geben. Kabeljaustücke schräg in etwa 16 Stücke schneiden, salzen und im Mehl wenden. Anschließend mit Hilfe von zwei Gabeln durch den Bierteig ziehen, abtropfen lassen und portionsweise 3 – 4 Minuten goldbraun frittieren. Fischstücke herausheben und kurz auf einem Kuchengitter abtropfen lassen. Danach zu den Pommes auf das Backblech legen und heiß halten. Restliche Fischstücke auf die gleiche Weise frittieren.

**6.** Die Pommes Frites mit Pommes Frites Salz würzen und portionsweise mit dem Fisch anrichten.

# SCAMPI-NUDEL-PFANNE

40 MIN.    4 PORTIONEN    HERD

ZUTATEN

1 ROTE ZWIEBEL (70 G)

1 FENCHEL (ETWA 200 G)

2 ORANGEN (350 G)

400 G GESCHÄLTE SCAMPI

300 G TAGLIATELLE

2 EL OLIVENÖL

2 EL ANKERKRAUT FISCH & SCAMPI

125 G SCHLAGSAHNE

125 ML ANKERKRAUT GEMÜSEBRÜHE

ANKERKRAUT SALZ, PFEFFER

**1.** Zwiebel schälen und in Würfel schneiden. Fenchel putzen, abspülen, das Grün beiseite legen, die Knollen halbieren und in Streifen schneiden.

**2.** Die Orangen so schälen, dass auch die weiße Haut mit entfernt wird. Die Orangen in etwa 1 cm große Würfel schneiden. Dabei den Saft auffangen. Scampi abspülen und mit Küchenpapier trocken tupfen.

**3.** Die Nudeln nach Packungsanleitung bissfest garen. 1 EL Öl in einer Pfanne erhitzen, Zwiebel und Fenchel darin 5 Minuten zugedeckt dünsten. 1 EL Fisch & Scampi Gewürz unterrühren. Sahne und Brühe dazugeben und aufkochen. Die Sauce in der offenen Pfanne etwa 4 Minuten einkochen lassen.

**4.** Nudeln abgießen und zur Sauce geben. Orangenwürfel und –saft unterheben. Mit Salz und Pfeffer würzen.

**5.** Restliches Öl in einer Pfanne erhitzen. Scampi mit restlichem Fisch & Scampi Gewürz bestreuen und im Öl etwa 2 Minuten braten. Scampi in die Nudel-Pfanne legen. Fenchelgrün grob hacken und über die Scampi streuen.

# ZWEIERLEI POPCORN

25 MIN.    4 PORTIONEN    HERD

### ZUTATEN

4 EL RAPSÖL

120 G POPCORN MAIS

2 – 3 EL ANKERKRAUT TOMATENSALZ

60 G ANKERKRAUT MUSCOVADO ZUCKER

## SALZIGES POPCORN

**1.** Für das salzige Popcorn 2 EL Öl und 60 g Mais in einen breiten Topf geben und verrühren. Den Topf mit dem Deckel verschließen. Den Topf auf den Herd stellen, mittlere Hitze einschalten und so lange warten, bis der Mais aufplatzt und ploppt. Auf kleine Hitze reduzieren. Den Topf nicht öffnen! Wenn es keine Geräusche mehr gibt, den Topf vom Herd ziehen und öffnen.

**2.** Das heiße Popcorn in eine große Schüssel geben und mit dem Tomatensalz mischen.

## SÜSSES POPCORN

**1.** Für das süße Popcorn die Körner mit 2 EL Öl auf die gleiche Weise aufplatzen lassen und anschließend in eine Schüssel füllen. Den Topf reinigen, den Zucker hineingeben und bei kleiner Hitze schmelzen lassen. Das Popcorn unterrühren.

— STEFAN SAGT —

*„Einer der besten Tricks,
die ich je gelernt habe: Um ein
Spritzen beim Entkernen des
Granatapfels zu vermeiden,
den eingeritzten Granatapfel in
eine Schüssel mit Wasser legen
dann den Apfel aufbrechen
und die Kerne herauslösen.
Die Kerne anschließend in
einem Sieb abtropfen lassen."*

# PORRIDGE

## MIT GRANATAPFEL UND MANDELMILCH

20 MIN.    2 PORTIONEN    HERD

ZUTATEN

½ GRANATAPFEL
1 MITTELGROSSER APFEL
80 G KERNIGE HAFERFLOCKEN
350 ML MANDELMILCH
5 TL ANKERKRAUT APFEL-ZIMT
1 PRISE ANKERKRAUT SALZ

**1.** Vom Granatapfel die Schale mit einem Messer einritzen. Den Granatapfel aufbrechen und die Kerne herauslösen. Achtung, das spritzt und gibt rote Hände, eventuell Handschuhe anziehen.

**2.** Den Apfel waschen, vierteln und das Kerngehäuse entfernen. Die Viertel in kleine Würfel schneiden.

**3.** Haferflocken, Mandelmilch und Apfel-Zimt-Gewürz in einen Topf geben und unter Rühren aufkochen. Die Apfelwürfel, bis auf 1 – 2 EL zum Garnieren, dazugeben. Das Ganze bei milder Hitze etwa 3 Minuten köcheln lassen.

**4.** Das Porridge mit Salz abschmecken und mit den Granatapfelkernen und den restlichen Apfelwürfeln bestreuen.

# „ ALLES UNTER 500 G IST CARPACCIO "

*Stefans Motto*

*Kategorie*

# GRILLEN

# SCHWEIN

**KNAPP 30 MILLIONEN SCHWEINE** LEBEN MIT UNS 80 MILLIONEN MENSCHEN IN DEUTSCHLAND. KEIN WUNDER, DASS DAS SCHWEIN DAS MEISTGEKAUFTE TIER BEIM SCHLACHTER IST. GANZ VORNE MIT DABEI SIND NATÜRLICH DAS NACKENSTEAK, SCHINKEN UND RIPPCHEN. AM LIEBSTEN MARMORIERT MIT FETT IN DER MUSKULATUR.

| | | | | | | | |
|---|---|---|---|---|---|---|---|
| **01** | KOPF | **05** | KOTELETT | **09** | BAUCH |
| **02** | NACKEN, HALS, KAMM | **06** | FILET | **10** | DICKE RIPPE, BRUSTSPITZE |
| **03** | SCHULTER, BUG | **07** | SCHINKEN | **11** | SCHWANZ |
| **04** | RÜCKENSPECK, GRÜNER SPECK | **08** | VORDER- UND HINTEREISBEIN | **12** | FÜSSE |

DAS RIND IST NICHT EINFACH NUR „RIND". ES IST FACETTENREICH UND VOLLER SCHÄTZE: RÜCKEN, SCHULTER, BRUST, DÜNNUNG UND HINTERVIERTEL HABEN ALLE IHRE UNTERSCHIEDLICHEN GRILLSTÜCKE UND DIESE WIEDERUM IHRE FAN-GEMEINDE. VOM TRI TIP, ZUM FLANKSTEAK, ÜBER DAS PORTERHOUSE AUS DEM RÜCKEN, BIS HIN ZUM BRISKET AUS DER BRUST IST FÜR JEDEN GRILL-MEISTER ETWAS DABEI.

# RIND

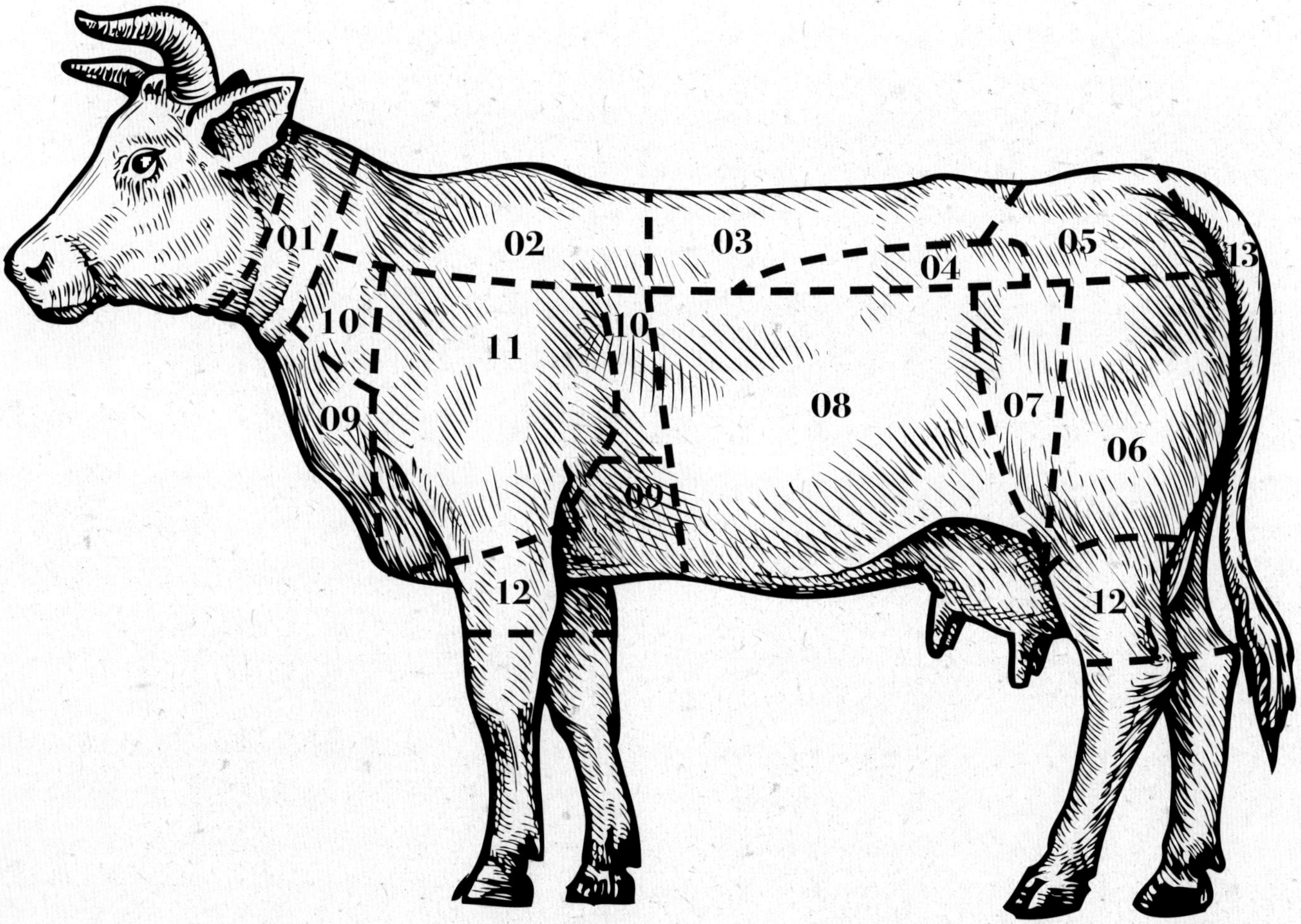

| | | |
|---|---|---|
| **01** KAMM, NACKEN, HALS | **05** HÜFTE, BLUME | **09** SPANNRIPPE, QUERRIPPE |
| **02** FEHLRIPPE, HOHE RIPPE | **06** UNTER- UND OBERSCHALE | **10** BRUST, BRUSTSPITZE, -KERN |
| **03** HOCHRIPPE, ROASTBEEF | **07** KUGEL | **11** BUCH, SCHULTER, BLATT |
| **04** FILET | **08** DÜNNUNG, BAUCH | **12** VORDER- UND HINTERHESSE |
| | | **13** SCHWANZ |

# BBQ RUB

**DU KENNST RAP-MUSIK UND WEISST, WAS EIN WRAP IST.**
ABER HAST DU AUCH EINEN PLAN, WENN JETZT JEMAND
MIT DIR ÜBER DEN BBQ RUB FACHSIMPELN MÖCHTE?
ALSO: EIN BBQ RUB IST EINE TROCKENMARINADE VOLLER
WÜRZIGER BESTANDTEILE ZUM EINREIBEN VON FLEISCH.
WIR VERRATEN HIER UNSERE TOP 4 BBQ-RUB-BAUSTEINE.

## BESTANDTEIL 1

Auf jeden Fall eine neutrale Basis
verwenden. Wir empfehlen zum Beispiel
Paprika oder Senfpulver.

## BESTANDTEIL 2

Salz ist nicht nur für den Geschmack
verantwortlich, sondern beeinflusst
auch die Struktur. So kann das Rub
besser ins Fleisch einziehen.

## BESTANDTEIL 3

Zucker karamellisiert während des
Garens und verspricht eine süßliche
Note am Fleisch.

## BESTANDTEIL 4

Die richtige Wahl an Kräutern und Gewürzen ist am Ende ausschlaggebend
für das perfekte Rub!

**DU WILLST RICHTIG GEIL MARINIEREN?** WICHTIG: GIB DEM FLEISCH ZEIT, NOCH LECKERER, ZARTER UND WÜRZIGER ZU WERDEN! DANN IST ES GANZ EGAL FÜR WELCHE LECKERE VARIANTE DES MARINIERENS DU DICH ENTSCHEIDEST, DU BASTELST DIR GARANTIERT EINE GESCHMACKSEXPLOSION ZUSAMMEN: BOOM!

# MARINADE

## ÖL-MARINADEN

Die favorisierte Trockenmarinade oder die Lieblingsgewürze vermengt mit reichlich Öl.

## SAURE MARINADEN

Der Klassiker für den Sauerbraten: Öl mit Zitronensaft oder Essig gemixt mit Gewürzen oder einem BBQ Rub. Erzielt eine angenehme Konsistenz.

## SÜSSE MARINADEN

Manche mögen's süß: Die Öl Marinade, verlängert durch Honig oder Fruchtsaft, gibt dem Grillgut eine karamellige Note. Vorsicht: Hitze im Zaum halten, sonst verbrennt der Zucker.

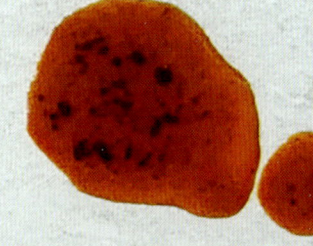

## CREMIGE MARINADEN

Für besonders zartes und saftiges Fleisch nimmt man eine cremige Marinade aus Joghurt, Senf und Gewürzen. Passt super zu Geflügel.

# BURNT ENDS

 140 MIN.  4 - 6 PORTIONEN  GRILL

ZUTATEN

———

1,4 KG SCHWEINENACKEN AM STÜCK

50 G BUTTER

6 EL ANKERKRAUT MAGIC DUST

70 G BBQ SAUCE

**1.** Den Grill oder Smoker auf 120 °C vorheizen. Das Fleisch mit Küchenpapier abtupfen und in etwa 4 cm große Würfel schneiden. Fleischwürfel in eine große Schüssel geben und mit Magic Dust einreiben.

**2.** Die Fleischstücke auf den Grill oder Smoker legen und bei indirekter Hitze 2 Stunden garen. Die Butter schmelzen.

**3.** Das Fleisch in eine flache Metallform legen. Die Grilltemperatur auf 150 °C erhöhen. Das Fleisch nacheinander mit der geschmolzenen Butter und BBQ-Sauce bestreichen. Das Fleisch in der Metallform weitere 2 Stunden bei 150 °C ohne Rauch garen.

# SWEET APPLE RIBS

## MIT COLESLAW

 255 MIN.      4 - 6 PORTIONEN      GRILL

### ZUTATEN

#### FÜR DIE RIBS

3 EL RAPSÖL

7 EL ANKERKRAUT SWEET APPLE RIBS

2 KG BABY-BACK SCHWEINERIPPCHEN (OHNE SILBERHAUT)

200 G PASSIERTE TOMATEN

1 ½ EL ANKERKRAUT MUSCOVADO ZUCKER

#### FÜR DEN COLESLAW

600 G SPITZKOHL

200 G MÖHREN

1 TL KÜMMELSAMEN

ANKERKRAUT SALZ & PFEFFER

1 – 2 EL WEISSWEINESSIG

50 G SALAT-MAYONNAISE

100 G VOLLMILCHJOGHURT

**1.** Rapsöl und 5 EL Sweet Apple Ribs Gewürz verrühren. Die Schweinerippchen mit der Gewürzmischung rundherum einreiben und etwa 3 Stunden zugedeckt im Kühlschrank marinieren.

**2.** Den Grill vorheizen. Die Rippchen auf den Grill legen und bei indirekter Hitze bei 120 – 130 °C etwa 90 Minuten grillen.

**3.** Inzwischen passierte Tomaten, restliches Sweet Apple Ribs Gewürz und Muscovado Zucker verrühren. Die Fleischseite der Ribs damit bestreichen. Die Ribs weitere etwa 90 Minuten bei gleicher Temperatur fertig grillen.

**4.** Für den Coleslaw den Kohl putzen, der Länge nach vierteln, den Strunk herausschneiden und die Viertel quer in feine Streifen schneiden. Die Möhren schälen und auf der Haushaltsreibe raspeln. Beides in eine Schüssel geben. Den Kümmel in einer trockenen Pfanne rösten, bis er duftet. Den Kümmel, Salz, Pfeffer und Essig zum Gemüse geben und leicht verkneten.

**5.** Mayonnaise und Joghurt unterrühren. Den Salat mit Salz, Pfeffer und Essig abschmecken. Die Ribs mit dem Salat servieren.

# CURRYWURST
## MIT FRUCHTIGER SAUCE

**35 MIN.**     **4 PORTIONEN**     **GRILL**     **HERD**

ZUTATEN

2 ZWIEBELN (100 G)

1 KNOBLAUCHZEHE

1 APFEL (200 G)

2 EL RAPSÖL

2 – 3 EL ANKERKRAUT CURRYWURST

400 G PASSIERTE TOMATEN

2 – 3 EL BIRNENDICKSAFT

ANKERKRAUT SALZ & PFEFFER

8 CURRYWÜRSTE (JE 80 G)

**1.** Den Grill vorheizen. Zwiebeln und Knoblauch schälen und fein würfeln. Apfel abspülen, schälen, vierteln und das Kerngehäuse entfernen. Die Apfelviertel in Würfel schneiden.

**2.** Das Rapsöl in einem Topf erhitzen. Zwiebeln- und Knoblauchwürfel darin anschwitzen. Apfelwürfel, 2 EL Currywurst Gewürz dazugeben und kurz mit anschwitzen. Passierte Tomaten und 2 EL Birnendicksaft unterrühren. Das Ganze im offenen Topf etwa 10 Minuten zu einer dickflüssigen Sauce einkochen lassen.

**3.** Die Sauce fein pürieren und mit Salz, Pfeffer und Birnendicksaft abschmecken.

**4.** Inzwischen die Currywürste auf beiden Seiten mehrfach einritzen. Die Würste auf den Grill legen und bei direkter Hitze von beiden Seiten goldbraun grillen. Die Würste nach Belieben in Scheiben schneiden, mit der Sauce anrichten und mit Currywurst Gewürz bestreuen.

# DAS CHILI-METER

MILD

## PAPRIKA

0 – 10 SCU

Man mag und kennt
mich und hat mich
in fast jeder Küche.
Ich bin aber auch 'ne
ganz aromatische und
trage getrocknete und
gemahlene Paprika-
schoten von Kindes-
beinen in mir. Aber bitte
aufpassen: verkuppel'
mich nicht mit heißem
Fett – das wird ganz
bitter!

## PIMENT
## D'ESPELETTE

1.500 – 2.500 SCU

Wenn es um Chilis
geht, setze ich dem
Ganzen die Krone
auf. Will sagen: edler
geht nicht! Würzige
Schärfe, ein Hauch
Röstaroma und dann
dieser Name: Piment
d´Espelette. Ich bin
die Königin der Küche.

## JALAPEÑO
## ROT UND GRÜN

2.500 – 8.000 SCU

Der Unterschied
zwischen uns roten
Jalapeños und uns
grünen? Ganz einfach:
Wir grünen werden
unreif geerntet, haben
dickes, saftiges Frucht-
fleisch und können sehr
scharf sein. Wir roten
hingegen sind weniger
scharf, aber dafür süß.
Sweet, oder?

## CHIPOTLE CHILI

5.000 – 10.000 SCU

Kennen wir uns nicht?
Na klar! Man nennt
mich auch „geräucherte
Jalapeño". Na, klingelt's!?
Ich gebe zu, ich bin
etwas runzelig und ledrig
– aber wie sagt man
so schön: je oller, je
doller! Ich bin rauchig,
schokoladig und sehr
scharf. Ich finde, wir
sollten uns mal
kennenlernen.

## CAYENNEPFEFFER

30.000 – 50.000 SCU

Warum ich eines der
beliebtesten Gewürze
der Welt bin? Weil ich
ordentlich Pfeffer im
Hintern habe! Außer-
dem bin ich pflege-
leicht und passe zu
fast allem. Unter uns:
ich bin eigentlich gar
kein Pfeffer, sondern
eine Art Paprika.
Dumdidum.

**SCHÄRFE MESSEN MIT DER SCOVILLE-SKALA (SCU)**

JUNGE, WAS BIN ICH SCHARF! WAS. BIN. ICH SCHARF! OK, EHRLICH GESAGT IST DAFÜR DAS CAPSAICIN MEHR VERANTWORTLICH, ALS MEIN SCHÖNER, ROTER TEINT. GEMESSEN WIRD MEINE SCHÄRFE ÜBRIGENS IN SCOVILLE UND JE KLEINER ICH BIN, DESTO KRASSER WIRD ES. MEIN RAT: FANG' MIT GELB AN, DAS IST WENIGER HOT. GLAUB MIR: WER SEINE KLAPPE MIT MIR ZU VOLL NIMMT, HAT EIN PROBLEM: SCHMERZEN IM MUNDRAUM!

**SCHARF**

### BIRD'S EYE

50.000 – 100.000 SCU

¡Hola! Auch ich gehöre zu den Schärfsten der Welt – ich sage nur 100.000 Scoville, verteilt auf scharfe 2 – 3 Zentimeter. Ich gebe jedem Gericht den Kick und wäre vor jedem Gericht schuldig der Anklage „unfassbar scharf". Aber: Mit mir kannst du scharfe Abenteuer erleben. ¡Hasta luego!

### HABANERO

100.000 – 350.000 SCU

Ich bin Habanero von der Halbinsel Yucatan und galt lange als der Schärfste der Welt. Egal. Ich bin meist gelb oder orange oder auch rot und gebe euch den Tipp: kocht mich kurz im Ganzen mit und nehmt mich dann wieder raus.

### BHUT JOLOKIA

1.000.000 SCU

Ich gebe es zu Leute, es ist kompliziert. Ich habe zwar die Habanero-Variante „Red Savina" als schärfste Chili der Welt überholt, mein Bro „Trinidad Skorpion" ist aber NOCH schärfer. Das soll er euch aber selbst erzählen...

### TRINIDAD SKORPION

1.400.000 SCU

Was soll ich sagen... ich bin tatsächlich eine der schärfsten Chilis auf der ganzen Welt! Oder hast du schon mal von einem Skorpion gehört, der nur ein „bisschen giftig" ist? Siehste! Außerdem erinner' ich „untenrum" an den Stachel meines Namenvetters. Ach ja, geschmacklich bin ich zwar sehr scharf, aber auch fruchtig.

—STEFAN SAGT—

*„ Dazu passt gegrillter grüner Spargel mit etwas Zitronenschale und Olivenöl gewürzt. Übrigens wird Onglet auch unter dem Namen "Nierenzapfen" verkauft. Wir bestellen es beim Metzger meistens vor, da es nicht immer vorrätig ist. „*

# ONGLET

 20 MIN.  4 PORTIONEN  GRILL

### ZUTATEN

2 STÜCKE ONGLET (JE ETWA 450 G, OHNE SEHNE)

2 – 3 EL ANKERKRAUT WIESEL MAGIC BEEF

3 EL RAPSÖL

**1.** Die Fleischstücke mit Küchenpapier trocken tupfen und von beiden Seiten mit Wiesel Magic Beef ein-reiben. Das Fleisch in Frischhaltefolie wickeln und bei Zimmertemperatur etwa 45 Minuten marinieren. Den Grill vorheizen.

**2.** Die Fleischstücke etwa 5 Minuten von beiden Seiten bei direkter Hitze grillen. Das Fleisch auf einen vor-gewärmten Teller legen, mit Alufolie bedecken und etwa 8 Minuten ruhen lassen.

**3.** Onglet in dünne Scheiben schneiden und auf Tellern anrichten.

### ÜBRIGENS

*Die BBQ Wiesel haben sich mit ihren Rubs zu den BBQ World Champions gegrillt*

# STEFANS LIEBLINGSBURGER

# TRIPLE-CHILI-CHEESE

 45 MIN.   2 BURGER   GRILL

## ZUTATEN

500 G RINDERHACKFLEISCH
3 EL ANKERKRAUT BURGER SPICE
1 ZWIEBEL (70 G)
2 JALAPEÑOS
EINIGE SALATBLÄTTER
2 MITTELGROSSE TOMATEN
6 STREIFEN BACON
2 BURGER BRÖTCHEN
6 SCHEIBEN GOUDA
6 EL ANKERKRAUT BURGER SAUCE
ANKERKRAUT STEAKPFEFFER HAMBURG

**1.** Das Hackfleisch mit Magic Beef verkneten, in 6 Portionen teilen und auf Backpapier legen. Aus dem Hackfleisch flache Buletten formen, die etwas größer sind, als die Burger Brötchen.

**2.** Den Grill vorheizen. Inzwischen die Zwiebel schälen und in Ringe schneiden. Die Jalapeños abspülen, putzen und in dünne Ringe schneiden. Salat putzen, abspülen und trocken tupfen. Die Tomaten abspülen und die Stielansätze keilförmig herausschneiden. Die Tomaten in Scheiben schneiden.

**3.** Den Bacon in einer Pfanne kross anbraten und beiseite legen. Zwiebelringe im Bratfett anschwitzen.

**4.** Die Buletten auf den Grill legen und 3 – 4 Minuten von jeder Seite bei direkter Hitze grillen. Die Burger Brötchen aufschneiden und für eine Minute auf dem Grill anrösten. Kurz vor Ende der Garzeit die Buletten mit jeweils einer Scheibe Gouda und einer Scheibe Bacon bedecken. Den Käse leicht zerlaufen lassen und mit Steakpfeffer bestreuen.

**5.** Die Innenseiten der Burger Brötchen mit BBQ-Sauce bestreichen. Auf die unteren Brötchenhälften abwechselnd etwas Salat, die Buletten, Zwiebelringe, Jalapeño-Ringe und restliche BBQ-Sauce schichten und mit der oberen Brötchenhälfte bedecken. Nach Belieben mit Schaschlikspießen fixieren.

## ANNES LIEBLINGSBURGER

# BACON-AVOCADO

25 MIN.     2 BURGER     GRILL

### ZUTATEN

2 PUTENSCHNITZEL (JE ETWA 120G)

2 EL ANKERKRAUT BOMBAY CHICKEN

2 KLEINE TOMATEN

1 AVOCADO

4 BLÄTTER RÖMERSALAT

4 SCHEIBEN CHEDDAR

4 SCHEIBEN BACON

2 BURGER BRÖTCHEN

4 EL MAYONNAISE

ETWA 1 TL ANKERKRAUT 9 PFEFFER SYMPHONIE

**1.** Putenschnitzel mit Küchenpapier abtupfen. Schnitzel jeweils schräg halbieren und mit Bombay Chicken einreiben. Den Grill vorheizen.

**2.** Die Tomaten abspülen, die Stielansätze keilförmig herausschneiden. Die Tomaten in Scheiben schneiden. Die Avocado halbieren und den Stein entfernen. Die Avocado aus der Schale lösen und in Scheiben schneiden. Salat putzen, abspülen und trocken tupfen.

**3.** Das Fleisch bei direkter Hitze von beiden Seiten etwa 2 Minuten grillen. Zum Schluss den Cheddar auf das Fleisch legen und leicht zerlaufen lassen. Das Fleisch vom Grill nehmen. Den Bacon kross grillen.

**4.** Burger Brötchen aufschneiden. Die Innenseiten mit jeweils 1 EL Mayonnaise bestreichen. Auf die unteren Brötchenhälften nacheinander Tomatenscheiben, Salat, Putenschnitzel mit Cheddar, Bacon und Avocadoscheiben schichten. Mit etwas 9 Pfeffer Symphonie bestreuen. Nach Belieben mit Schaschlik-spießen fixieren.

# CHICKEN WINGS

 35 MIN.  4 PORTIONEN  GRILL

### ZUTATEN

1,5 KG CHICKEN WINGS

3 EL RAPSÖL

2 EL ANKERKRAUT #SMOKE

2 EL ANKERKRAUT TEXAS CHICKEN

2 EL ANKERKRAUT BOMBAY CHICKEN

2 LIMETTEN

**1.** Den Grill vorheizen. In 3 mittelgroßen Schüsseln jeweils 1 EL Öl mit einer Gewürzmischung verrühren. Die Chicken Wings mit Küchenpapier abreiben. Jeweils 500 g Chicken Wings in einer Gewürzmischung wenden.

**2.** Die marinierten Chicken Wings auf den Grill legen und bei direkter Hitze etwa 15 Minuten grillen.

**3.** Die Limetten heiß abspülen, trocken tupfen und in Spalten schneiden. Die Chicken Wings mit Limettenspalten servieren.

— STEFAN SAGT —

„ *Grade in meinen Würz-Anfängen musste ich es lernen abzuschmecken. Bei Hack-fleisch ging das immer am besten, indem ich eine kleine Portion der gewürzten Menge gegrillt und probiert habe. Danach musste ich eventuell noch etwas Salz oder Köfte Gewürz ergänzen.* „

# KÖFTESPIESSE
## MIT MINZ-JOGHURT

 50 MIN.    4 PORTIONEN    GRILL

### ZUTATEN

**FÜR DIE SPIESSE**

1 BRÖTCHEN VOM VORTAG
1 ZWIEBEL (40 G)
4 GRÜNE SPITZPAPRIKA (JE 50 G)
750 G GEMISCHTES HACKFLEISCH (Z. B. LAMM
UND KALB)
3 – 4 EL ANKERKRAUT KÖFTE GEWÜRZ
ANKERKRAUT SALZ

**FÜR DEN MINZ-JOGHURT**

2 TL ANKERKRAUT NANA MINZE
500 G SAHNEJOGHURT
ANKERKRAUT SALZ

**AUSSERDEM**

8 SCHASCHLIKSPIESSE

1. Den Grill vorheizen. Das Brötchen etwa 10 Minuten in lauwarmem Wasser einweichen. Die Zwiebel schälen und in kleine Würfel schneiden. Vom Spitzpaprika den Stiel abschneiden, die Schoten in etwa 2 cm breite Ringe schneiden. Paprikaringe abspülen, dabei die Kerne entfernen.

2. Das Brötchen ausdrücken und in kleine Stücke zupfen, mit Hackfleisch, Zwiebelwürfeln, 3 EL Köfte Gewürz und Salz verkneten. Aus dem Hackfleisch 24 Bällchen formen. Auf jeden Schaschlikspieß abwechselnd 3 Hackbällchen und 4 Paprikaringe stecken.

3. Die Spieße bei direkter Hitze etwa 10 Minuten grillen, dabei mehrfach wenden.

4. Inzwischen die Minze in den Händen fein zerreiben und unter den Joghurt rühren. Mit Salz abschmecken. Die Schaschlikspieße mit dem Joghurt servieren.

# LACHS
## VON DER HOLZPLANKE

60 MIN.        4 PORTIONEN        GRILL

## ZUTATEN

750 G LACHSFILET MIT HAUT
2 BIO-LIMETTEN
3 TL ANKERKRAUT FLEUR DE SEL KRÄUTER

## AUSSERDEM

1 GRILLPLANKE

1. Die Grillplanke für mindestens 1 Stunde in lauwarmes Wasser legen. Die Planke beschweren, damit sie komplett mit Wasser bedeckt ist. Den Grill auf 175 – 200 °C vorheizen.

2. Den Lachs mit Küchenpapier abtupfen. Die Gräten mit einer Pinzette herausziehen. Die Limetten heiß abwaschen. 1 Limette auspressen, die andere in Spalten schneiden. Den Lachs auf der Innenseite erst mit Limettensaft beträufeln , danach mit Fleur de Sel Kräuter bestreuen.

3. Die Planke abtropfen lassen und für 5 Minuten auf den Grillrost legen, bis sich leichter Rauch entwickelt. Die Planke umdrehen. Den Lachs mit der Hautseite nach unten auf die Planke legen.

4. Den Lachs auf der Planke im geschlossenen Grill ca. 20 Minuten grillen, sodass der Lachs innen noch glasig ist.

5. Den Lachs portionsweise mit Limettenspalten anrichten.

— STEFAN SAGT —

**99** *Die Brotscheiben bestreiche ich vor dem Garen am liebsten noch mit einer aufgeschnittenen Knoblauchzehe.* **66**

# BRUSCHETTA

25 MIN.          4 PORTIONEN          GRILL

ZUTATEN
————

6 REIFE TOMATEN (600 G)

16 DÜNNE SCHEIBEN CIABATTA-BROT (ETWA 160 G)

6 EL OLIVENÖL

3 EL ANKERKRAUT BRUSCHETTA

**1.** Den Grill vorheizen. Tomaten abspülen, Stielansätze keilförmig herausschneiden. Die Tomaten in Würfel schneiden, in einer Schüssel mit 2 EL Olivenöl und Bruschetta Gewürz vermengen.

**2.** Die Brotscheiben von beiden Seiten mit dem übrigen Olivenöl bestreichen. Die Scheiben anschließend auf den Grill legen. Von beiden Seiten kurz bei direkter Hitze goldbraun rösten.

**3.** Die Bruschetta-Tomaten auf die Brotscheiben verteilen.

### MAJORAN

Klugscheißer sagen auch „Winterlicher Oregano", der Rest nennt das bekannteste Küchenkraut des Landes beim Namen: Majoran. Was für alle gleich ist, ist sein Einsatzgebiet: Zu deftigen Speisen mit kräftigem Geschmack.

### BASILIKUM

Funfact: Basilikum kommt ursprünglich aus Asien! Wer jetzt auf Italien als Herkunftsland getippt hätte, kann dieses leckere grüne Etwas ja trotzdem weiterhin auf italienischen Mozzarella und italienische Tomaten packen – molto bene!

### OREGANO

Das Must Have auf Pizza! More Italien goes not! Aber Achtung: Verwechslungsgefahr mit dem guten Thymian! Und schön piano beim Verwenden – die Würzkraft ist nicht zu unterschätzen.

### ROSMARIN

DER Klassiker unter den Kräutern: mediterranes Kraut, packend wärmender Duft, straightes und unverwechselbares Aroma! Teste das mal aus – zum Beispiel zu Salz-Kartoffeln.

# KRÄUTER

Würden wir einen auf fachchinesisch machen, würden wir schreiben, dass Kräuter im Fachterminus als krautige Pflanzen gelten, bei denen der oberirdische Pflanzenteil nicht verholzt ist – im Gegensatz zu Sträuchern und Bäumen. Wirklich interessant ist aber, aus was so ein Kraut besteht. Anschnallen: Wurzel, Stängel, Blätter und Blüten. Zudem werden sie nicht nur zum Verzehr, sondern auch in Tees, Kosmetik und Badezusätzen verarbeitet. Geht's ums Würzen, werden vornehmlich Blätter und Blüten verwendet – frisch oder getrocknet tischt man die jedem gern auf.

### KURKUMA (WURZEL)

Eine Wurzel als Basis von
Currymischungen, die so
schillernd gelb wie die
Sonne Lebensfreude pur
versprüht: wo gibt's denn
so was? Hauptsächlich
in Indien! Zum Glück aber
auch hier.

### ZIMT (RINDE)

DAS Allround-Talent unter
den Gewürzen: süß, scharf,
würzig, hammermäßig! Und
dabei noch so klangvolle
Sorten: Ceylon und Cassia.
Fehlt eigentlich nur noch eine
leicht süßliche Note dank der
Rinde – check!

### MUSKAT (FRUCHTKERN)

Heutzutage ist Muskat aus
der europäischen Küche
nicht mehr wegzudenken.
Hättest du gedacht, dass
Muskat, Pfeffer und Zimt im
17. Jahrhundert besonders
von Verliebten gern verspeist
wurden? Liebe geht eben
durch den Magen.

### ANIS (SAMEN)

Ich trink Ouzo, was machst
du so? Zum Beispiel Süßes
verfeinern! Denn Ouzo wird
unter anderem zum Wür-
zen süßer Speisen genutzt.
Siehst du: Schon weißt du,
wo der süßlich aromatische
Duft nach Fenchel und
Lakritz herkommt. Wieder
was gelernt!

# GEWÜRZE

Gewürze sind Pflanzen, bzw. Teile von Pflanzen.
So weit, so Biologie Grundkurs! Aber wusstest
du, dass zum Beispiel Knospen, Früchte, Wurzeln, Wurzelstöcke, Samen oder Rinden gerne
als Zutat in Speisen oder Getränken verarbeitet
werden? Jetzt weißt du's! Und es geht weiter:
Sie werden auch als „Nutzpflanzen" bezeichnet,
weil sie on top auf verschiedenste Weise (frisch,
getrocknet, bearbeitet) ihren Gewürze-Kräuter-
Mann stehen – echte Tausendsassas also.

# GEGRILLTER TOMATE-MOZZARELLA-SALAT

30 MIN.     4 PORTIONEN     GRILL

ZUTATEN

250 G BÜFFEL-MOZZARELLA

6 OCHSENHERZTOMATEN (800 G)

6 EL OLIVENÖL

1 – 2 EL ANKERKRAUT TOMATE-MOZZARELLA GEWÜRZ

3 STÄNGEL BASILIKUM

3 EL ACETO BALSAMICO

1 TL FLÜSSIGER HONIG

ANKERKRAUT SALZ & PFEFFER

**1.** Den Grill vorheizen. Den Mozzarella abtropfen lassen. Die Tomaten waschen und die Stielansätze keilförmig herausschneiden. Die Tomaten in etwa 2 cm dicke Scheiben schneiden und auf einer Seite dünn mit Öl bestreichen. Die Tomatenscheiben auf der bestrichenen Seite jeweils 1 – 2 Minuten grillen. Die Scheiben portionsweise auf Teller legen und mit etwas Tomaten-Mozzarella Gewürz bestreuen.

**2.** Basilikum abspülen, trocken tupfen und die Blätter abzupfen. Den Mozzarella in kleine Stücke zupfen und auf die Tomatenscheiben verteilen.

**3.** Für die Sauce Balsamico, Honig, Salz, Pfeffer und restliches Olivenöl (4 EL) verrühren und auf den Mozzarella träufeln. Basilikum klein zupfen und auf den Salat streuen.

# GEGRILLTE ANANAS
## MIT EIS UND BAISER

 30 MIN.  4 PORTIONEN  GRILL

ZUTATEN

1 REIFE ANANAS (ETWA 1,2 KG)
3 EL ANKERKRAUT FRUIT & DESSERT
2 EL ÖL
20 G BAISER
4 KUGELN SCHOKO- ODER HIMBEEREIS

**1.** Den Grill vorheizen. Ananas schälen, der Länge nach vierteln und den Strunk herausschneiden. Die Viertel der Länge nach in jeweils 3 Spalten schneiden.

**2.** Die Ananasspalten in einer großen Schüssel mit Fruit & Dessert vermengen.

**3.** Die Ananasspalten dünn mit Öl bestreichen und bei direkter Hitze etwa 3 Minuten von beiden Seiten goldbraun grillen.

**4.** Für jede Portion 3 Ananasspalten auf einen Teller legen. Baiser zerbröseln. Jeweils 1 Kugel Eis und einige Baiserbrösel auf die Teller verteilen.

# „KUCHEN MACHT NICHT DICK, ER ZIEHT NUR DIE FALTEN GLATT."

*Alles eine Frage der Perspektive.*

*Kategorie*

# BACKEN

# BACKEN MIT GEWÜRZEN

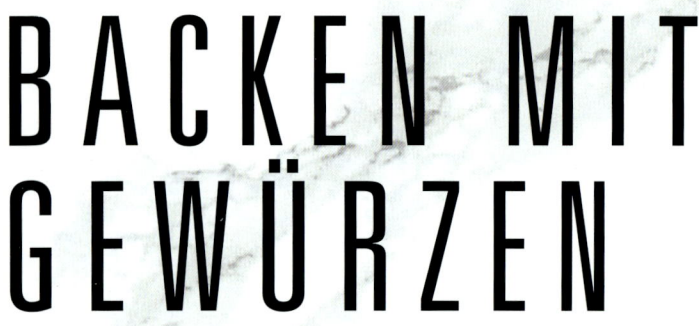

## ANIS

Der süßlich aromatische Geschmack mit Lakritz-Duft ist aus der Weihnachtsbäckerei nicht wegzudenken.

## NELKEN

Allein schon vom Aroma ist die Nelke eine ganz Süße. Sie passt bestens zu Wild, ist ein typisches Wintergewürz und ein absoluter Dauergast an Weihnachten.

## STERNANIS

Der angenehm beruhigende Duft des dekorativen Gewürzes macht Lust auf Backen und passt gemahlen ausgezeichnet ins würzige Süßgebäck.

## ZIMT

Es gehört zu den ältesten Gewürzen der Welt und verzaubert uns vor allem bei süßen aber auch deftigen Speisen immer wieder auf's Neue.

## KARDAMON

Kaum zu glauben, dass dieses exotische Gewürz ausgezeichnet zu Kuchen und Kleingebäck passt. Zu gern lassen wir uns von seinen ätherischen Ölen verwöhnen.

# TEIGARTEN

### KNETEN, WAS DAS ZEUG HÄLT!

SELBSTGEMACHTES IST IMMER NOCH AM SCHÖNSTEN –
DA MACHEN WIR AUCH BEI FRISCHEM BROT, KNUSPRIGEM
FLAMMKUCHEN ODER SÜSSEN MÜRBETEIGPLÄTZCHEN
KEINE AUSNAHME. UND DA DAS NUR DREI VON NAHEZU
UNZÄHLIGEN LECKEREN GRÜNDEN SIND, GEHEN WIR DEM
BACKEN JETZT MAL SO RICHTIG AUF DEN GRUND.

## VANILLE

Das beliebteste unter
allen Backgewürzen
ist Vanille. Am besten
frisch aus der Schote
unbedingt in jeden
süßen Teig einarbeiten.

## MUSKATNUSS

Die Muskatnuss mit
ihrem warm-würzigen
Aroma macht sich auch
in selbstgebackenen
Winterplätzchen ganz
ausgezeichnet.

### SAUERTEIG

Hast du schon mal ein Sauerteig-
brot gebacken? Wenn ja, hast du
sicher auch mitbekommen, dass
Geduld nicht nur eine Tugend,
sondern in diesem Fall unbedingt
angeraten ist. Zeit, Fingerspitzen-
gefühl und die feine Nase sind
nicht nur mitzubringen, sondern
oberstes Gebot. Mehrere Tage
benötigt der Teig, bis er bereit für
den Ofen ist – und garniert mit
dem richtigen Kräutermix, wirst du
ein weiteres Mal erleben: Sehr gut
Ding will Weile haben.

### QUARK-ÖL-TEIG

Und wenn der Heißhunger auf
Süßes schneller gestillt werden
muss, legen wir das hier auf's
Backblech: Quark-Öl-Teig. Ge-
füllt mit Schokostückchen oder
Rosinen feat. unserem Weih-
nachts-Quark-Gewürz – mehr
lecker geht kaum. Du kannst
aber auch deine eigene Note mit
reinbringen und sogar herzhaft
pikante Quark Brötchen backen.
Hey, pass auf das Wasser in deinem Mund auf...

### FLAMMKUCHEN

Für Flammkuchen sind wir Feuer
und... ok, lassen wir das. Dennoch
müssen wir sagen: wir lieben
Flammkuchen und seinen knuspri-
gen Teig, der ausnahmsweise mal
nicht aufgehen soll. Eat this: 500 g
Mehl, 250 ml Wasser, 6EL Öl und
Salz. Knete diese 4 Zutaten zu einem glatten Teig, rolle diesen dünn
aus und backe ihn 15 Minuten, nach
Lust und Laune bereits mit Belag.

### SÜSSER MÜRBETEIG

Wenn es wieder „Süßer die Glo-
cken nie klingen" heißt, wissen
wir: Weihnachten steht vor der
Tür. Und apropos süß: Etwas
Abwechslung ins Kekse- und
Plätzchenbacken bringst du rein,
indem du deinen süßen Mürbeteig
mal mit unserem Keksgewürz,
Spekulatiusgewürz oder dem
Lebkuchengewürz verfeinerst!

—ANNE SAGT—

„Der Apfel-Rhabarber-
Crumble schmeckt am besten
lauwarm mit halbsteif
geschlagener Sahne oder mit
etwas Sahnejoghurt. “

# APFEL-RHABARBER-CRUMBLE

60 MIN.　　6 - 8 PORTIONEN　　OFEN

### ZUTATEN

500 G ÄPFEL, Z. B. ELSTAR

300 G TK-RHABARBER

80 G ANKERKRAUT ROHRZUCKER

2 ½ EL ANKERKRAUT APFELKUCHEN GEWÜRZ

150 G WEIZENMEHL

40 G ANKERKRAUT MUSCOVADO ZUCKER

100 G WEICHE BUTTER

ETWAS SALZ

### AUSSERDEM

1 TARTEFORM Ø 28 CM

WEICHE BUTTER ZUM EINFETTEN

1. Den Backofen auf 200 °C (Heißluft: 180 °C) vorheizen. Eine Tarteform (Ø 28 cm) einfetten.

2. Die Äpfel schälen, vierteln und die Kerngehäuse entfernen. Apfelviertel schräg in Scheiben schneiden und in einer Schüssel mit dem tiefgekühlten Rhabarber vermengen. Zucker und 2 EL Apfelkuchen Gewürz untermischen. Die Apfel-Rhabarber-Mischung in eine Tarteform geben.

3. Für die Streusel Mehl, Salz, Muscovado Zucker und restliches Apfelkuchen Gewürz in einer Rührschüssel mischen. Die Butter dazugeben. Die Zutaten mit einem Mixer (Rührstäbe) so lange rühren, bis die Streusel die gewünschte Größe haben. Die Streusel auf der Apfel-Rhabarber-Mischung verteilen.

4. Den Crumble etwa 40 Minuten backen.

# KEY LIME PIE

60 MIN.    1 KUCHEN    OFEN

## ZUTATEN

225 G MEHL (TYP 405)
120 G BUTTER
ANKERKRAUT SALZ
12–14 BIO-LIMETTEN
4 EIER (GRÖSSE M)
500 G ANKERKRAUT ROHRZUCKER
100 G SPEISESTÄRKE
1 TL ANKERKRAUT NANA MINZE
2 EIGELB (GRÖSSE M)

## AUSSERDEM

1 TARTEFORM MIT LIFT-OFF-BODEN/ SPRINGFORM (Ø 28 CM)
BUTTER ZUM EINFETTEN
BACKPAPIER UND GETR. ERBSEN ODER BOHNEN ZUM BACKEN

1. Mehl, 90 g Butter in kleinen Stückchen, 1 Prise Salz und 4 – 5 Esslöffel kaltes Wasser zu einem glatten Teig verkneten. In Frischhaltefolie wickeln und etwa 30 Minuten kühl stellen.

2. Den Backofen auf 200 °C (Heißluft 180 °C) vorheizen. Den Boden der Tarteform einfetten. Den Teig auf der bemehlten Arbeitsfläche zu einer runden Platte (30 cm Ø) ausrollen, in die Form legen und am Rand andrücken. Den Teigboden mit einer Gabel mehrmals einstechen. Einen Bogen Backpapier auf den Teig legen, so dass das Papier rundherum übersteht. Trockenerbsen oder -bohnen auf dem Papier verteilen. Den Teig im vorgeheizten Backofen etwa 20 Minuten backen. Backpapier mit den Erbsen oder Bohnen entfernen. Pie-Boden in der Form erkalten lassen.

3. Inzwischen die Limetten heiß waschen und trocken reiben. Die Schale einer Limette fein abreiben, von einer weiteren die Schale in dünnen Streifen abziehen. Alle Limetten auspressen. Eier trennen. Limettensaft (etwa 500 ml) mit Wasser auf 700 ml auffüllen. Mit der abgeriebenen Limettenschale, 300 g Zucker und restlicher Butter (30 g) aufkochen.

4. Stärke mit 100 ml kaltem Wasser glatt rühren und unter den kochenden Limettensud rühren. Etwa 1 Minute köcheln lassen, dabei weiter rühren und zum Schluss die Nana Minze hinzufügen.

5. Sechs Eigelb in einer Schüssel verquirlen, 4 EL der heißen Limettenmasse unterrühren. Dann unter die übrige Limettenmasse rühren. Die Masse nach und nach in die Tarteform auf den Pie-Boden geben und glatt streichen. 1 Stunde kühl stellen.

6. Den Backofen auf 200 °C (Heißluft 180 °C) vorheizen. Eiweiß steif schlagen. Nach und nach restlichen Zucker (200 g) einrieseln lassen, dabei weiterschlagen, bis sich der Zucker aufgelöst hat. Eischnee wellenartig auf der Creme verstreichen. Im vorgeheizten Backofen etwa 8 Minuten überbacken. Mit Limetten-Streifen verzieren und sofort servieren.

# ANNES GEBURSTAGS-KUCHEN

 50 MIN.     1 KUCHEN     OFEN & HERD

## ZUTATEN

### FÜR DEN TEIG

80 G GEMAHLENE HASELNUSSKERNE
80 G WEICHE BUTTER
80 G ANKERKRAUT MUSCOVADO ZUCKER
2 TL ANKERKRAUT VANILLEZUCKER
2 EIER (GR. M)
80 G MEHL
1 TL BACKPULVER

### FÜR DIE FÜLLUNG UND DAS TOPPING

3 TL BRAUNER RUM
150 G PREISELBEEREN (A. D. GLAS)
50 G APRIKOSENKONFITÜRE
100 G MARZIPAN ROHMASSE
40 G PUDERZUCKER
50 G ZARTBITTERSCHOKOLADE
1 TL KOKOSFETT
40 G HASELNUSSKERNE

### AUSSERDEM

1 HERZBACKFORM (ETWA 15 X 17 CM)
BUTTER ZUM EINFETTEN
ETWAS MEHL FÜR DIE FORM
KLEINE HERZ-AUSSTECHFORMEN

**1.** Den Backofen auf 180 °C (Umluft 160 °C) vorheizen. Die Herzform mit etwas Butter einfetten und mit Mehl ausstreuen.

**2.** Für den Teig die Nüsse in einer Pfanne ohne Fett bei kleiner Hitze rösten, bis sie duften. Anschließend auf einem Teller erkalten lassen.

**3.** Butter, Zucker und Vanillezucker mit den Quirlen des Handrührgerätes schaumig rühren. Die Eier nacheinander unterrühren. Mehl, Nüsse und Backpulver mischen und unterrühren. Den Teig in die Form füllen und 30 – 35 Minuten backen. Den Kuchen nach 10 Minuten aus der Form stürzen und auf einem Kuchengitter erkalten lassen.

**4.** Den Kuchen waagerecht durchschneiden. Die untere Hälfte mit Rum beträufeln und mit Preiselbeeren bestreichen. Die obere Hälfte darauf legen. Die Konfitüre pürieren und auf den Kuchen streichen.

**5.** Marzipanrohmasse mit 20 g Puderzucker verkneten. Arbeitsfläche mit restlichem Puderzucker bestäuben. Die Marzipanmasse darauf sehr dünn ausrollen. Das Marzipan auf das Herz legen und rundherum andrücken. Überstehende Ränder abschneiden. Aus den Marzipanresten unterschiedlich große Herzen ausstechen.

**6.** Die Schokolade hacken, mit Kokosfett in einer Schüssel über dem Wasserbad bei kleiner Hitze schmelzen. Die Schokolade abkühlen lassen, bis sie dickflüssig ist. Auf das Herz streichen und mit Marzipanherzen und ganzen oder gehackten Haselnusskernen garnieren.

# CAKE-POPS IN DER WAFFEL

50 MIN.     8 EISTÜTEN     OFEN & HERD

### ZUTATEN

30 G GETR. SAUERKIRSCHEN

100 G WEICHE BUTTER

100 G BRAUNER ZUCKER

2 EIER (GR. M)

100 G WEIZENMEHL

1 TL BACKPULVER

20 G KAKAO

3 EL MINERALWASSER MIT KOHLENSÄURE

8 EISTÜTEN (125 G)

100 G SCHLAGSAHNE

3 – 4 TL ANKERKRAUT SCHOKO-KIRSCH

150 G ZARTBITTERSCHOKOLADE

20 G KOKOSFETT

30 G WEISSE SCHOKOLADE

KLEINE ZUCKERPERLEN ZUM BESTREUEN

### AUSSERDEM

1 KASTENFORM (25 X 11 CM)

BUTTER ZUM EINFETTEN

GLÄSER, TASSEN ODER EINE ANDERE FORM FÜR DIE EISTÜTEN

REIS ODER ZUCKER

**1.** Den Backofen auf 180 °C (Heißluft: 160 °C) vorheizen. Für den Teig die Kirschen fein hacken. Butter und braunen Zucker schaumig schlagen. Eier nacheinander unterrühren. Mehl, Backpulver und Kakao vermischen und unterrühren. Mineralwasser unterrühren.

**2.** Die Kastenform einfetten, den Teig einfüllen und im vorgeheizten Backofen etwa 30 Minuten backen.

**3.** Den Kuchen 5 Minuten in der Form abkühlen lassen, anschließend aus der Form stürzen und erkalten lassen. Inzwischen die Eistüten mit einer mit einer Küchenschere am oberen Ende kürzen, dass die Tüten etwa 9 cm lang sind. Die abgeschnittenen Stücke zerkrümeln.

**4.** Die Sahne steif schlagen. Den Kuchen fein zerkrümeln. Schoko-Kirsch-Gewürz, Schlagsahne und die Krümel der Eistüten unterheben. Aus der Masse 8 Kugeln formen. Die Kugeln 15 Minuten kühl stellen.

**5.** Die Zartbitterschokolade in Stücke brechen. 15 g Kokosfett und Schokolade in eine Metallschüssel geben und über dem Wasserbad bei kleiner Hitze schmelzen. Die Kugeln einzeln auf eine große Gabel legen, mit der Schokolade überziehen, über der Schüssel abtropfen lassen und jeweils auf Backpapier legen. Die Schokolade fest werden lassen.

**6.** Inzwischen 8 Gläser oder Tassen mit Reis oder Zucker füllen und die Eistüten hineinstellen. Die Kugeln nochmals mit der Unterseite kurz in die geschmolzene Zartbitterschokolade tauchen. In jede Eistüte eine Kugel geben und leicht andrücken. Die Schokolade trocknen lassen.

**7.** Die weiße Schokolade fein hacken und mit restlichem Kokosfett bei kleiner Hitze über dem Wasserbad schmelzen. Die Schokolade abkühlen lassen, bis sie dickflüssig ist. Anschließend auf die Kugeln träufeln und sofort mit Zuckerperlen bestreuen. Die Schokolade fest werden lassen.

# DOUBLE CHOCOLATE COOKIES

50 MIN.   24 STÜCK   OFEN

### ZUTATEN

100 G WEISSE SCHOKOLADE

300 G EDELBITTERSCHOKOLADE (70 % KAKAO)

125 G BUTTER

2 EIER (GRÖSSE M)

2 PRISEN ANKERKRAUT SALZ

100 G BRAUNER ZUCKER

50 G WEISSER ZUCKER

175 G MEHL (TYPE 405)

30 G KAKAO

2 – 2 ½ TL ANKERKRAUT KEKS GEWÜRZ

1 GESTRICHENER TL BACKPULVER

**1.** Weiße und 100 g der Edelbitterschokolade getrennt voneinander grob hacken oder in Würfel schneiden. Butter in Würfel schneiden. Übrige Edelbitterschokolade in Stücke brechen und mit der Butter in einer Schüssel über dem heißen Wasserbad schmelzen.

**2.** Eier, Salz, braunen und weißen Zucker in einer Rührschüssel mit den Quirlen des Handrührers etwa 5 Minuten schaumig schlagen. Lauwarme Schokoladen-Butter-Masse unterrühren.

**3.** Mehl, Kakao, Keks Gewürz und Backpulver mischen und kurz unterrühren. Zerkleinerte weiße und Edelbitterschokolade unter den Teig heben.

**4.** Zwei Backbleche mit Backpapier auslegen. Teig mit einem Eiskugellöffel (4 cm Ø) ausstechen, mit genügend Abstand zueinander jeweils 12 Portionen auf ein Backblech geben und etwas flacher drücken.

**5.** Die Bleche nacheinander, bei Heißluft zusammen, in den vorgeheizten Backofen schieben. Cookies etwa 14 Minuten backen.

— ANNE SAGT —

*„Unsere Kinder lieben es, wenn sie die Waffeln in geschmolzene Schokolade eintunken und mit Zuckerperlen, gehackten Nüssen oder getrockneten Blüten bestreuen können."*

# WEIHNACHTS-WAFFELN

45 MIN.          4 PORTIONEN          WAFFELEISEN

### ZUTATEN

200 G WEICHE BUTTER ODER MARGARINE

130 G ANKERKRAUT MUSCOVADO ZUCKER

1 PRISE ANKERKRAUT SALZ

3 TL ANKERKRAUT WEIHNACHTSQUARK

4 EIER (GRÖSSE M)

200 G WEIZENMEHL (TYPE 405)

1 GESTR. TL BACKPULVER

125 ML MILCH

### AUSSERDEM

WAFFELEISEN

2 EL RAPSÖL

**1.** Das Waffeleisen vorheizen.

**2.** Für den Teig Butter oder Margarine mit einem Handrührgerät mit Rührbesen schaumig schlagen. Muscovado Zucker, Salz und Weihnachtsquark Gewürz unterrühren. Die Eier nacheinander unterrühren. Mehl und Backpulver mischen und zusammen mit der Milch unterrühren.

**3.** Das Waffeleisen mit einem Backpinsel einfetten. Für jede Waffel 2 – 3 EL Teig in das Waffeleisen geben und mit dem Löffel verstreichen. Das Waffeleisen schließen. Die Waffel 2 – 3 Minuten backen und auf ein Kuchengitter legen. Insgesamt 8 Waffeln backen. Die Waffeln in Herze teilen.

# ITALIENISCHES CIABATTA

25 MIN.     2 BROTE     OFEN

ZUTATEN

500 G WEIZENMEHL (TYPE 550)

20 G FRISCHE HEFE

340 ML WASSER

1 ½ EL ANKERKRAUT ITALIENISCHE KRÄUTER

1 ½ TL ANKERKRAUT SALZ

2 EL OLIVENÖL

MEHL ZUM BEARBEITEN (ETWA 50 G)

**1.** Für den Vorteig 200 g Mehl in eine Schüssel geben. 10 g Hefe fein zerkrümeln und hinzufügen. 140 ml Wasser dazugeben und mit den Knethaken des Handrührers zu einem klebrigen Teig verarbeiten. Den Schüsselrand mit Wasser bestreichen, die Schüssel mit Frischhaltefolie verschließen. Den Teig etwa 13 Stunden bei Zimmertemperatur ruhen lassen.

**2.** Restliches Mehl (300 g), restliche Hefe (10 g), übriges Wasser (200 ml), italienische Kräuter, Salz und Olivenöl zum Teig geben und mit einem Kochlöffel in der Schüssel vermengen. Anschließend den klebrigen Teig auf die Arbeitsfläche geben. Den Teig ohne Zugabe von Mehl etwa 5 Minuten bearbeiten. Dabei immer wieder unter den Teig fassen, die Seiten hochziehen und nach innen zusammenlegen.

**3.** Den Teig großzügig mit Mehl bestäuben und in zwei gleiche Portionen teilen. Daraus zwei unregelmäßige Brote formen oder drehen, auf ein mit Backpapier belegtes Backblech legen und großzügig mit Mehl bestäuben. Die Saftpfanne des Backofens umgedreht auf das Backblech legen. Den Teig etwa 1 Stunde aufgehen lassen, bis das Volumen deutlich größer ist.

**4.** Eine kleine ofenfeste Schale mit Wasser füllen und in den Backofen stellen. Den Backofen auf 250 °C (Heißluft 230 °C) vorheizen. Wenn die Temperatur erreicht ist, die Schale vorsichtig entfernen, den Ofen sofort schließen, damit kein Wasserdampf entweicht. Die Brote in den Backofen schieben und 20 – 25 Minuten backen. Auf Kuchenrosten erkalten lassen.

„ **AM ENDE ERGIBT ALLES EINEN GIN** "

*Stößchen/Prost/Cheers*
*– egal, auf euch!*

*Kategorie*

# TRINKEN

# HOCH DIE TASSEN

**WER A SAGT, MUSS AUCH TEE SAGEN!**
ODER SO ÄHNLICH. WAS ABER AUF
ALLE FÄLLE EIN FAKT IST: TEE IST
WEIT MEHR ALS NUR EIN GETRÄNK
DAS SO VOR SICH HINBEUTELT. TEE
IST EINE LEBENSEINSTELLUNG! WAS
IST BESSER ALS EINE HEISSE TASSE
TEE AN EINEM KALTEN HERBSTTAG?
FÜR GEMÜTLICHE STUNDEN DAHEIM
SETZST DU EINFACH TEEWASSER AUF
UND TAUCHST EIN IN DIE VIELFÄLTIGE
UND BUNTE WELT DER ANKERKRAUT
TEES. UND NUR MAL SO AM TEETASSEN-
RANDE: NACH WASSER IST TEE TAT-
SÄCHLICH DAS WELTWEIT AM MEISTEN
KONSUMIERTE GETRÄNK! GERADE
HIER IN MITTELEUROPA WIRD TEE
RICHTIG GEFEIERT. ALSO AM BESTEN
NICHT LANG ABWARTEN, SONDERN
TEE TRINKEN.

## GRÜNER TEE

| 🌡️ 80°C |  2 - 4 MIN. |

Grüner wird's nicht! Und leckerer auch
nicht. Wer sich auskennt – und damit
meinen wir die echten Tee-Junkies und
Tee-Kenner unter euch – der wird auf
Grüntee zurückgreifen. Übergieße diesen
mit 100° Celsius heißem Wasser, da sich
die feinen Aromen des Tees bei dieser
Temperatur am besten entfalten können.
Bei der Ziehzeit scheiden sich allerdings
die Geister, von zwei bis sechs Minuten
ist alles vertreten. Probiere hier einfach
aus, was dir schmeckt. Übrigens kannst
du Grünen Tee mehrfach aufgießen, Tee-
liebhaber schätzen vor allem den zweiten
und dritten Aufguss.

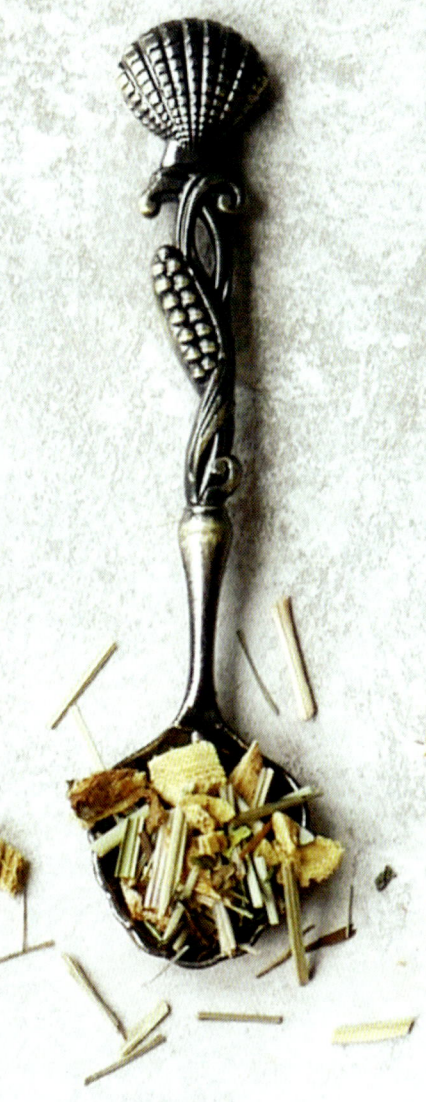

## SCHWARZER TEE

🌡 95°C  🕐 3 – 5 MIN.

Wenn du statt Kaffee mal eine Alternatve suchst, probiere schwarzen Tee! Durch seine schöne goldbraune Farbe und seinen kräftig-würzigen Geschmack verbreitete sich diese Sorte schon früh auf der ganzen Welt. Mittlerweile wird er von vielen Menschen wie Wasser konsumiert und zählt zu den meistgetrunkenen Getränken auf unserem Planeten! Ob in England oder im Fernen Osten, das schwarze Gold wird von morgens bis abends gefeiert und genossen! So: Let's Have a Tea Party!

## KRÄUTERTEE

🌡 95°C  🕐 5 – 6 MIN.

Tee… Nicht nur für Ostfriesen das Highlight des Tages! Im Hamburger Hafen kommen bekanntlich nicht nur leckere Gewürze, sondern auch die feinsten und leckersten Tees und Tee-Mischungen aus aller Welt an. In unserer Ankerkraut Teekiste findest du immer das passende Heißgetränk, aber an kalten Tagen kommen unsere Kräutertees besonders gut an. Fruchtig-frisch mit Zitronengras und Ingwer oder lieber bunt und blumig? Du entscheidest!

## FRÜCHTETEE

🌡 95°C  🕐 6 – 8 MIN.

Yummm… ein Tee ist besser als der Andere. Aber unsere Früchtetees übertrumpfen sich alle gegenseitig mit kreativen Mischungen und harmonischen Geschmacksnoten. Cheesecake, Cake Pop, Apple Crumble oder Lemon Tarte.. Kuchen gibt es nicht nur auf dem Teller sondern auch in der Tasse! Wenn das nicht nach einem gemütlichen Nachmittag am Kamin mit Tee und Kuchen klingt, wissen wir auch nicht weiter.

# SCHARFER SCHOKO- MILCHSHAKE

 30 MIN.   4 DRINKS

## ZUTATEN

150 G ZARTBITTER- SCHOKOLADE

600 ML KALTE MILCH

3 EL ANKERKRAUT SCHARFE SCHOKOLADE

125 G SCHLAGSAHNE

ETWA 8 EISWÜRFEL

2 KUGELN SCHOKOLADENEIS

2 EL RASPELSCHOKOLADE

**1.** Die Schokolade grob hacken, 50 g beiseite stellen. Restliche Schokolade mit 100 ml Milch und der "Scharfen Schokolade" in einen Topf geben und bei kleiner Hitze unter Rühren schmelzen, nicht kochen lassen. Anschließend abkühlen lassen.

**2.** Restliche gehackte Schokolade über dem heißen Wasserbad schmelzen und mit einem Pinsel auf die Innenseiten von 4 Gläsern (je etwa 350 ml) nach Belieben verstreichen. Den Rand der Gläser in die Schokolade tauchen. Die Gläser in den Kühlschrank stellen.

**3.** Sahne steif schlagen und kühl stellen. Die abgekühlte Schoko-Milch in einen Mixbecher geben, restliche kalte Milch hinzufügen und im Standmixer auf hoher Stufe schaumig quirlen.

**4.** Die Eiswürfel und das Schokoladeneis in den Mixbecher geben und verquirlen. Den Schoko Shake in die verzierten Gläser verteilen. Schlagsahne auf den Shake geben und mit Raspelschokolade bestreuen.

# GEEISTER KURKUMA-LATTE

5 MIN.        2 DRINKS        HERD

ZUTATEN

3 EL KOKOSCHIPS
1 DOSE KOKOSMILCH (400 ML)
8 DATTELN (ENTSTEINT, 70 G)
1 TL ANKERKRAUT GOLDEN MILK
6 – 8 EISWÜRFEL
1 PRISE ANKERKRAUT ZIMT

**1.** Kokoschips in einer Pfanne goldbraun rösten und auf einem Teller erkalten lassen.

**2.** 2 EL Kokosmilch zum Beträufeln beiseite stellen. Übrige Kokosmilch, Datteln und Golden Milk Gewürz in einen Mixbecher geben und mit einem Standmixer pürieren. Die Eiswürfel hinzufügen und solange quirlen, bis die Milch die Konsistenz eines Eisshakes hat.

**3.** Mit der übrigen Kokosmilch den Shake beträufeln und mit Kokoschips und Zimt bestreuen.

# MANGO-PFIRSICH-EISTEE

15 MIN.

2 DRINKS

ZUTATEN

2 EL ANKERKRAUT MANGOTRAUM FRÜCHTETEE
500 ML WASSER
2 REIFE PFIRSICHE
12 – 16 EISWÜRFEL

**1.** Den Früchtetee in ein hohes Gefäß geben.
Das Wasser aufkochen und in das Gefäß gießen.
Den Tee erkalten lassen.

**2.** In der Zwischenzeit die Pfirsiche abspülen, trocken
tupfen, den Stein entfernen und das Fruchtfleisch
in Würfel schneiden.

**3.** Eiswürfel und Pfirsichwürfel auf 2 Gläser (je 500 ml)
verteilen und mit dem abgekühlten Tee aufgießen.

—ANNE SAGT—

*„Für die Kinder gibt es immer
einen alkoholfreien
„Glühwein" aus rotem
Trauben- oder Apfelsaft."*

# KLASSISCHER GLÜHWEIN

 20 MIN.     4 DRINKS

ZUTATEN

---

750 ML ROTWEIN

3 EL ANKERKRAUT MUSCOVADO ZUCKER

2 – 3 EL ANKERKRAUT GLÜHWEINGEWÜRZ

1 BIO-ORANGE

**1.** Den Rotwein zugedeckt in einem Topf erwärmen. Zucker dazugeben. Glühweingewürz in einem Teesieb in den Topf hängen. Den Wein zugedeckt etwa 15 Minuten bei kleiner Hitze durchziehen lassen. Der Wein sollte etwa 80 °C haben, nicht kochen.

**2.** Die Orange heiß abwaschen, abtrocknen und in Scheiben schneiden. Orangenscheiben auf die Tassen oder Gläser verteilen, den Glühwein einfüllen.

# ROSA GIN TONIC

## MIT GRANATAPFEL-EISWÜRFELN

 10 MIN.      2 DRINKS

### ZUTATEN

1 GRANATAPFEL

80 ML GIN

200 ML TONIC WATER

100 ML SCHWARZER JOHANNISBEERNEKTAR

2 KLEINE ZWEIGE ROSMARIN

1 TL ANKERKRAUT ROSA PFEFFER

### AUSSERDEM

1 EISWÜRFELBEHÄLTER

**1.** Für die Granatapfel-Eiswürfel den Granatapfel entkernen. Dafür die Schale des Granatapfels 4 – 5 mal von oben nach unten einritzen, danach den Apfel an den Einschnitten aufbrechen und die Kerne herauslösen.

**2.** Granatapfelkerne in einen Eiswürfelbehälter für 12 – 16 Würfel verteilen, mit Wasser auffüllen und mindestens 3 – 4 Stunden gefrieren lassen.

**3.** Die Eiswürfel in zwei große Gläser (je 500 ml) geben. Nacheinander Gin, Tonic Water und Johannisbeernektar dazugeben.

**4.** Rosmarin abspülen und trocken tupfen. Rosa Pfeffer im Mörser zerdrücken, auf die Drinks streuen und mit Rosmarin garnieren.

# GEWÜRZREGISTER

## KRÄUTER DER PROVENCE
Gebackener Ziegenkäse mit Feigen  *63*

## KRÄUTERBUTTER GEWÜRZ
Salatdressing Kräuterbutter Gewürz  *65*

## KÜRBISSUPPEN GEWÜRZ
Kürbissuppe  *49*

## MAGIC BEEF
Triple-Chili-Cheese-Burger  *91*

## MAGIC DUST
Burnt Ends  *81*

## MANGOTRAUM FRÜCHTETEE
Mango-Pfirsich-Eistee  *135*

## MUSCOVADO ZUCKER
Ananas-Puten-Curry  *41*
Annes Geburstagskuchen  *117*
Apfel-Rhabarber-Crumble  *113*
Klassischer Glühwein  *137*
Süßes Popcorn  *71*
Sweet Apple Ribs mit Coleslaw  *83*
Weihnachts-Waffeln  *123*

## MUSKATNUSS
Brokkoli-Cremesuppe  *47*
Grüne Lasagne  *59*

## NANA MINZE
Köftespieße mit Minz-Joghurt  *97*
Key Lime Pie  *115*

## PILZPFANNE
Pilz-Risotto  *51*

## PIZZA GEWÜRZ
Neapolitanische Pizza  *55*

## POMMES FRITES SALZ
Fish & Chips  *67*

## RACLETTE GEWÜRZ
Raclette-Bacon-Brot  *29*

## ROHRZUCKER
Apfel-Rhabarber-Crumble  *113*
Key Lime Pie  *115*

## ROSA PFEFFER
Rosa Gin Tonic mit
Granatapfel-Eiswürfeln  *139*

## SALATGEWÜRZ GARTENKRÄUTER
Salatdressing Salatgewürz
Gartenkräuter  *65*

## SCHAFSKÄSE GEWÜRZ GRILL
Überbackener Feta mit Zucchini  *61*

## SCHARFE SCHOKOLADE
Scharfer Schoko-Milchshake  *131*

## SCHOKO-KIRSCH
Cake-Pops in der Waffel  *119*

## STEAKPFEFFER HAMBURG
Triple-Chili-Cheese-Burger  *91*

## SWEET APPLE RIBS
Sweet Apple Ribs mit Coleslaw  *83*

## TANDOORI CHICKEN
Tandoori Chicken
mit Mango-Gurken-Salat  *35*

## TEUFELSKERL
Chili con Carne mit Fleischwürfeln  *19*

## TEXAS CHICKEN
Chicken Wings  *95*

## TOMATE-MOZZARELLA GEWÜRZ
Gegrillter Tomate-Mozzarella-Salat  *105*

## TOMATENSALZ
Salziges Popcorn  *71*

## TOMATENSAUCEN GEWÜRZ
Chicken Parmigiana  *37*

## TZATZIKI GEWÜRZ
Gyros-Pfanne mit Tzatziki  *33*

## VANILLEZUCKER
Annes Geburstagskuchen  *117*

## WEIHNACHTSQUARK
Weihnachts-Waffeln  *123*

## WIESEL MAGIC BEEF
Onglet  *89*

## WOK GEWÜRZ
Veggie Wok  *45*

## ZIMT
Geeister Kurkuma-Latte  *133*

# REZEPTREGISTER

# DANKSAGUNG

Das allererste Wort der Danksagung gehört unserer tollen Kollegin Juliane: Ohne dich wäre dieses Buch niemals möglich gewesen. Danke für deine Ideen, dein Engagement, deine Überstunden und deine Kreativität, welche dazu beigetragen haben, dass wir nun unser erstes Kochbuch in der Hand halten. Du bist super.

Michaela, auch ohne dich wäre dieses Buch nicht möglich gewesen. Du begleitest uns bereits seit vielen Jahren und hinterlässt deine Handschrift auf all unseren Produkten. Wir sind unendlich dankbar, dass wir genau dich gefunden haben und du mit uns zusammen diese wunderbare Markenwelt geschaffen hast. Du bist wirklich einzigartig.

Des Weiteren danken wir unseren Kindern Lio & Ida, allen Lemckes und Glatzels sowie unseren Freunden für den Support, die Ratschläge und tatkräftige Unterstützung in den letzten 5 Jahren.

Ankerkraut wäre nicht Ankerkraut ohne unsere fantastischen Kollegen. Viele von euch begleiten uns schon 5 Jahre und sind mit uns gemeinsam gewachsen, einige von euch sind neu dabei. Aber eines bleibt: wir alle bilden die Basis für Ankerkraut und ohne euch wären wir nicht dort wo wir heute sind.

Ein großer Dank gilt auch unseren Freunden der Grill Szene. Thorsten, Sascha, Christian, Kevin, Tobias mit Annika, Sebastian & Tim, den BBQ Wieseln, Dragon BBQ, Sizzle Brothers und Onkel Kethe, Olli von LivingBBQ und vielen anderen. Ihr habt uns vor knapp 5 Jahren mit offenen Armen aufgenommen und von Anfang an unterstützt. Wir freuen uns auf viele weitere gemeinsame Jahre mit euch.

Ein weiterer Dank gilt unseren mehr als 4.000 Händlern in Deutschland, Österreich, Dänemark, Schweden, der Schweiz, Italien, Luxemburg und Holland. Von Dominique und Sabrina, welche unsere allerersten Händler waren, Markus Mack, über all die Fachhändler, kleine Einzelhändler, Schlachtereien, Geschenkartikelläden bis hin zu LEH Ketten, welche uns Plätze in ihren Regalen schaffen. Danke für diese Möglichkeiten.

Wir danken Sony Pictures für die Chance, in der Show „Die Höhle der Löwen" teilzunehmen und Frank sowie dem gesamten Freigeist Team für euren Glauben an uns und den täglichen Support. Wir wissen dies wirklich sehr zu schätzen. Dieser Dank gilt natürlich auch unserem zweiten Investor Matthias.

Last but not least gilt unser Dank aber vor allem Euch: den tollsten Kunden und Supportern, welche man sich wünschen kann. Erst durch euch ist Ankerkraut zu dem geworden was es jetzt ist. Ein besonders großer Dank geht an Ricarda, Charly, Tattoo Man Björn, Thomas, Gabi & Maik sowie vielen, vielen weiteren. Wir sind sprachlos und dankbar.

*Anne & Stefan*

# IMPRESSUM

©2022 Ankerkraut GmbH, Hamburg
5. Auflage
Alle Rechte vorbehalten.

Ankerkraut GmbH
Tempowerkring 6
21079 Hamburg

| | |
|---|---|
| AUTOREN | Anne und Stefan Lemcke |
| PROJEKTLEITUNG | Juliane Lackner |
| DESIGN & ART DIRECTION | Michaela Vargas Coronado |
| FOTOGRAFIE | Nicky Walsh |
| FOODSTYLING REZEPTFOTOS | Max Faber |
| REZEPTENTWICKLUNG | Anne & Stefan Lemcke mit Anke Rabeler und Max Faber |
| REZEPTÜBERARBEITUNG | Anke Rabeler und Max Faber |
| WEITERE MITWIRKENDE | Lisa Reetz, Sophie Bruhn, Frank Thelen, Sebastian Merget |
| DRUCK | BEISNER DRUCK GmbH & Co. KG Müllerstraße 6 21244 Buchholz in der Nordheide |
| ISBN | 978-3-00-067123-4 |

www.ankerkraut.de
Bei Fragen und Anregungen
melde dich gerne unter
lotse@ankerkraut.de